班主任
工作智慧与艺术

郑州外国语中学 组织编写

中原出版传媒集团
中原传媒股份公司

大象出版社
·郑州·

图书在版编目(CIP)数据

班主任工作智慧与艺术／郑州外国语中学组织编写. —郑州：大象出版社，2023.9
ISBN 978-7-5711-1850-1

Ⅰ.①班… Ⅱ.①郑… Ⅲ.①中学-班主任工作 Ⅳ.①G635.16

中国国家版本馆 CIP 数据核字(2023)第 161554 号

班主任工作智慧与艺术
BANZHUREN GONGZUO ZHIHUI YU YISHU

郑州外国语中学　组织编写

出 版 人	汪林中
责任编辑	赵晓静
责任校对	万冬辉　张绍纳
装帧设计	张　帆

出版发行　大象出版社(郑州市郑东新区祥盛街 27 号　邮政编码 450016)
　　　　　　发行科　0371-63863551　总编室　0371-65597936
网　　址　www.daxiang.cn
印　　刷　郑州市毛庄印刷有限公司
经　　销　各地新华书店经销
开　　本　787 mm×1092 mm　1/16
印　　张　13.25
字　　数　193 千字
版　　次　2023 年 9 月第 1 版　2023 年 9 月第 1 次印刷
定　　价　52.00 元

若发现印、装质量问题，影响阅读，请与承印厂联系调换。
印厂地址　郑州市惠济区新城办事处毛庄村南
邮政编码　450044　　　　电话　0371-63784396

编委会

顾　问：王丽娟　王晓强
主　编：周　华
副主编：刘淑清　王延钊　胡应彬　孟占彪　程彩霞　徐　琳　程洛佳
编　委：胡小梅　王学军　张碧博　王　磊　张阳花　李新颜　杨　莉
　　　　　白　露　刘俊丽　李艳萍　马　利　任巧凤　侯慧丽　李平波
　　　　　潘春华　王婷婷　彭秋丽　贾盼盼　鲁玉果　许　宁　李　霞
　　　　　石长玉　林　倩　关　瑞　李桂君　黄璐璐　范利涛　黄　宁
　　　　　邢秀娟　徐　琳　倪晓娜　刘紫薇　郭世秦　李　峰　杨怀俭
　　　　　李金生　段凯伟　蔡　晗　赵振宇　张艳钦

序言

所谓师者，传道授业解惑者也。教书育人是教师的天职。习近平总书记指出，教师承载着传播知识、传播思想、传播真理，塑造灵魂、塑造生命、塑造新人的时代重任。班主任是中小学教师中的一个特殊群体，国家的教育方针思想、学校的办学育人理念，都在班主任身上得到集中体现。

我们一直在思考，班主任的地位如此重要，班主任与学科教师的区别在哪里？是崇高的理想信念，是无私的敬业精神，是过硬的专业能力，抑或是健康的身心素养？教师身上应具备的素养，似乎还不足以诠释班主任工作的价值与内涵。因此，寻求班主任的个性化、专业化成长与发展之路，也是我们一直探索的课题。

上下求索过程中，我们曾赴北京、上海等一线城市拓宽视野，到深圳、南京、杭州等地的外国语学校实地考察，聆听了诸多省内外名班主任的报告，研读过一系列班级管理智慧的书。采他山之石，纳百家之长，班主任队伍建设取得长足发展。然而，育人有法，但

无定法，世上没有两片完全相同的树叶，也没有放之四海而皆准的经验。每一所学校都有其独特之处，结合校情，立足实际，提炼出自己的班主任管理经验，显得尤为必要。

郑州外国语中学历经四十年风雨历程，迎来繁花似锦，硕果累累。涌现出了全国优秀班主任王学军老师，河南省名班主任工作室主持人石长玉老师，郑州市名班主任工作室主持人胡小梅老师、杨莉老师，也培养出了一批青年班主任新秀。回首班主任工作的点点滴滴，智慧光芒闪现，浩若繁星。学校采用"学海拾贝，花海采撷"的方式，把多年来各位班主任的育人心得、经验分享、观摩展示、沙龙畅谈，归集为"班级管理""育人故事""主题班会"三个篇章，原汁原味展现出郑州外国语中学班主任的育人理念和做法，以期与各位同仁产生共鸣。

蔡元培说过："教育者，非为已往，非为现在，而专为将来。"立德育人的征程没有终点，所见有所思，所想有所悟，心怀梦想方能行稳致远。感谢全体参与老师的辛苦付出，感谢大象出版社各位编辑的精心指导！

周华

目录

班级管理

讲好班级故事，绽放奋斗青春	/ 胡小梅	003
中途接班，一起向未来	/ 王学军	007
别让手机"偷"走你的梦	/ 张碧博	013
"法""情"交融促成长	/ 王 磊	017
"家"和万事兴	/ 张阳花	021
"五结合"让劳育落地生根	/ 李新颜	024
与"假努力"说拜拜	/ 杨 莉	028
通过班务公开增强凝聚力	/ 白 露	031
如何培养优秀的班干部团队	/ 刘俊丽	035
班级管理中的四个关键词	/ 李艳萍	039
成长不容易，家校齐助力	/ 马 利	043

班主任与家长沟通的"诀窍"	/任巧凤	046
学生常见心理问题应对技巧	/侯慧丽	049
营造和谐班风，助力成功人生	/李平波	052
放眼全局，做好三年整体规划	/潘春华	055
浅谈如何增强班级凝聚力	/王婷婷	059
如何建设好一个新班级	/彭秋丽	062
辩证看待班级量化管理	/贾盼盼	066
如何让学困生走出困境	/鲁玉果	069
多样有效沟通，提升班级管理艺术	/许 宁	072
爱与规则铸就和谐师生关系	/李 霞	075

育人故事

精彩球赛，燃出"团结"与"拼搏"	/石长玉	081
一根"意义非凡"的棒棒糖	/林 倩	085
把心声说给你听	/关 瑞	088
让每一个学生都"闪亮"	/李桂君	092
等一等，再等一等	/黄璐璐	096
一个"学优生"的问题	/杨 莉	100
用爱与智慧守望精神花园	/范利涛	104
用爱浇灌心灵之花	/黄 宁	108
静待契机，相信教育的力量	/邢秀娟	113
用心聆听你转身后的落寞心声	/徐 琳	117
逆反期学生的青春逸事	/倪晓娜	120

主题班会

你好，新同学
　　——七年级新生适应新环境主题班会实录　　/ 白　露　127

家校合力，共育成长　　/ 刘紫薇　132

请党放心，强国有我　　/ 郭世秦　138

回望成长之旅，常怀感恩之心　　/ 林　倩　143

打败情绪"小怪兽"　　/ 关　瑞　149

学雷锋精神，做时代少年　　/ 王　磊　154

感恩父母，学会沟通　　/ 李　峰　159

遇见更好的自己
　　——关于习惯、目标及成长　　/ 杨怀俭　164

感恩于心，化诗相赠　　/ 黄璐璐　168

懂得专注，优化方法　　/ 张碧博　173

向"躺平"说不　　/ 李金生　178

激发爱国情怀，树立报国之志
　　——纪念一二·九运动主题班会　　/ 段凯伟　183

青春"加油站"
　　——新学期·新生活·新变化　　/ 蔡　晗　189

我离优秀有多远　　/ 赵振宇　193

以梦为马，不负韶华　　/ 张艳钦　198

班级管理

讲好班级故事，绽放奋斗青春

胡小梅

故事的序章

回望自己的班主任历程，往事历历在目。班级管理的抓手很多，每位班主任都有自己的法宝，而我的班级管理抓手是"讲好班级故事"。我们都说，做有温度、有深度、有高度的教师，我认为温度是深度和高度的前提。于我而言，班主任工作的温度源于真实的班级故事。讲班级故事不同于传统的说教，其最大的魅力在于：它是一种柔软的、无痕的教育，它不是对学生指指点点，而是将道理娓娓道来。

有了明确的抓手，我的班主任工作轨迹就变得非常清晰：不断地在教育实践中倾听故事、更新故事、整理故事……有了这些故事，我便成了生命田野的守护者。每一个美好的故事，都包含着真善美的教育元素，这些潜在的教育元素一旦被打开，故事中美妙的东西就会对学生的成长产生积极的影响。

用故事缔造故事

下面我从三个方面分享我如何借力班级故事促进育人管理的。

1. **故事的来源**

故事的来源丰富多样，下面以常用的五种举例。

（1）古今中外名人逸事。这种故事的优点是素材多、故事典型，

不足是距离学生生活略显遥远。所以在使用中需要精选，找与学生生活相关联的。

（2）郑州外国语中学（以下简称"郑外"）学子的励志故事。郑外一届又一届的学子留下了很多让人感动的故事：有为捍卫国旗威严在联合国等待并发声的国旗卫士，有为汶川捐献小型图书馆却不愿留下姓名的可爱孩子，有离开多年一直心系母校发展的老郑外人……一个个郑外学子的励志故事如同一部部老电影，历久弥珍。

（3）班级中发生的故事。班级是个神奇的魔法地，每天都发生着我们永远猜不到的故事，正因如此，它是永远值得班主任深耕的田野。班级里每天上演的故事中总有一款是我们期待的小美好。我在教室里放置一个花架，告诉孩子们这就是我们眼前的田野，我每天浇水、打理，有一天，我惊奇地发现一个孩子也在默默地打理这片小天地，我开心；地上的纸片，有孩子看到后马上弯腰捡起来，我高兴；走进教室，一尘不染的讲桌上放着整齐的粉笔，我欣慰。每一份快乐背后，都有一个值得我们学习的榜样。故事中榜样的正面引导远比发泄式的批评更有效。

（4）家校共育过程中的故事。李镇西老师说过，班主任除了教育学生，还有一个重要任务，那便是影响家长。身边家长的亲子故事、往届家长的经验分享、家校联系本上一天天的留言等，总有一个故事进心中。

（5）时政新闻中的热点事件。对于社会热点问题，我们要紧抓教育契机，教会孩子正确面对问题、解决问题。

这些故事虽然来源不同，但有一个共同点，那就是真实动人。

2. 故事的收集

这么多的故事如何收集？这就需要班主任有发现美的眼睛、记录美的习惯。

（1）坚持阅读，及时整理春风化雨或催人振奋的故事并收录在电脑的专属文件夹。

（2）收集周记中同学们有记忆点的人和事。这样的形式既不给学生增加额外的作业量，又能深入了解学生的生活，达到德智共育。

（3）做日常管理的有心人，对典型事件，无论大小都做工作速记。

3. 故事的呈现

（1）通过系列故事引领班会教育主阵地。在班会中将故事系列化，不仅可以细化主题，还可以达到更好的教育效果。比如，可以将"做最好的自己"这个班会做成系列班会。要想做最好的自己，首先要正确认识自己、评价自己。为此，我在第一次班会中讲了故事"你很特别"，让学生明白：每个人都是独立的限量版的存在，都有优点和不足，只要我们愿意改变并付诸行动，都会朝着更好的方向发展。

有了接纳还需要自信，所以第二次班会的主题是"相信自己"。针对该主题，讲了王远卓的故事。王远卓是我校2013届学生，其2016年以全国第一、国际排名第二的成绩荣获生物奥林匹克竞赛金牌，被清华大学录取。当看到他那一米多高的演草纸时，我明白了什么是自信，什么叫坚持。

有了接纳和自信，我们还要消除"差不多先生"的影响，所以第三次班会的主题是"充盈自己"，分享的故事是"永远的坐票"。这个故事告诉我们：要想获得成功，必须付出努力和时间。只有舍掉当下的舒适和安逸，走出当下的"舒适圈"，才能不断挑战更好的风景。

做最好的自己，就要不断超越自己。最后一次班会的主题是"超越自己"，分享的是2017届学生崔世奥的故事。七年级时，我会给每个学生发一页学校的信纸，让学生写上他们不同阶段的梦想——三年后、六年后和十年后的梦想。他写的三年后的目标是郑州外国语分校、六年后的目标是武汉大学。九年级，当他再看到这张梦想清单时，毫不犹豫地把当时的三年后目标和六年后目标改成了郑州外国语学校和北京大学，最后如愿以偿。

四次主题班会层层递进，详细地展示了如何才能"做最好的自己"，帮助学生认识到自己的独特性，助推了他们的学习和成长。

（2）通过故事接力传承班级文化精神。每个老师的课堂都会有自己的个性标签，每个班主任带班也会留下自己的性格特点。我习惯关注往届学生的发展动向，通过他们的奋斗故事激励在校学生。2013届4班的学生王远卓、李沐恒分别在清华大学、北京大学校园里录制视频，为2017届即将参加高考的学弟学妹加油；2017届高三

的学生，在郑外校门口集体出现，为2020届即将踏进中考考场的学弟学妹助威……正是这种接力传承，让我的学生们互相帮助且届届相传。

（3）家长团队现身说法合力应对新节点。郑外的家长团队是个温暖的大家庭，无论是在校生家长，还是往届生家长，只要有需要，他们都会挺身而出。2017届秦馨瑶妈妈、袁嘉明爸爸为2020届家长分享如何做好三年规划、如何更好地陪伴孩子、如何更好地配合学校工作……这就是家长后援团的相互扶持。

在这些举措下，新的班级被注入新的能量后又会涌现出新的故事，如此形成智慧和能量的循环……

故事的延续

初中三年，时间有限，但情谊绵长，有幸遇见他们。如有需要，我仍会出现。我们既是故事的讲述者、倾听者，也是故事的见证者、传承者。我相信，我们的故事会一直延续下去……

我是一个幸运的人，有幸向郑外优秀的前辈学习。在这里，我遇到了优秀的家长，结识了可爱的孩子；在这里，我守着自己的天地，少了一些焦躁，多了一些耐心，看着学生一天天的变化，内心有欣慰、有欢喜。任何时候，我都会告诉自己保持这颗"童心"，善待学生就是善待自己。希望在郑外有我们大家的美好故事。

中途接班，一起向未来

王学军

在教育实践的征程上、茫茫"生"海中与2022届6班60位同学邂逅，没有早一届，也没有错一班，这是太难得的缘分，珍惜！上学期期末接到学校通知，心有欣喜之余，更有忐忑：中途接班，要面对的这群孩子到底是什么样子？自己多年积累的治班之道有几分能适用于斯？

正所谓"未雨绸缪早当先"，为避免不适应带来的问题频发，我决定先了解清楚班级情况。

摸清班情

首先，我与各任课老师进行了沟通，初步了解了本班学生的基本情况。接着，为了深入了解学生的思想和心态，暑假期间，我便利用手机短信进行了有针对性的班情调研活动。

短信内容如下：

××同学，暑期打扰，见谅。班务所致，望理解！优良的班风人人受益，优良的班风需要正向凝聚之力量。我想听到更多关于6班的历史和现状，依情施策。希望你的表述客观、全面，有价值，对我们班最后一年的发展起到重要的作用。谢谢！

王学军老师

信息发出去，收信家长和学生应该能感受到我对班级未来发展的重视和治班决心，对他们而言，这条信息应该预示着新的希望和

力量。果然，很快我便收到了真情满满的回复。

学生1回复：

尊敬的王老师您好！我是6班的××……到了八年级下学期，全班的学习状态、成绩、纪律开始变差，并且班中出现了许多不良行为，比如上课睡觉、大声喧哗、小部分同学开始组建"小团体"等，致使班级形象变得非常不好……一些同学甚至连班级的门都不想跨入，因为学习环境实在是太差了。

全新的九年级，我期待！

学生2回复：

八年级下学期，有一次上自习课的时候，有两个男生在教室一人抱半个西瓜吃；有的学生偷带手机，甚至放学后用手机订外卖；交作业的学生很少，可能每天就交个二三十本，且抄袭作业的现象很严重；同学经常私自调换座位，找自己聊得嗨的同学坐在一起。以上种种导致课堂纪律变差，班风日下。

学生3回复：

王老师好，不好意思才看到您的信息，我大概说说我了解的情况。学习上，班级总体成绩在波动中下滑；纪律上，到了八年级，尤其张老师不教我们后，班里越来越乱。很多同学甚至对某些老师或多或少有不满情绪。……至八下期末，在班里安心读书成了我们的奢求。

孩子们一条条真诚的回复，既让我深受感动，又像一根根利刺刺痛着我的心！强烈的责任感让我辗转难眠，怎么办？

依情施策

了解班情后，我决定从三个方面改变班级现有状况：

一是**重新分组，模范引领**。让优秀的6位团员做组长，每组组员10名左右，建立以组长为中坚力量的班级基本管理框架。组长既是管理者，又是组员优良言行的引领者。网课期间，强化组长管理的高效性，以优秀的组风促成优秀的班风。

二是**严肃校纪，警示不良行为**。向班级师生和家长发出《科学使用手机倡议书》。

开学之前，利用"接龙管家"小程序做好科学使用手机倡议落实跟踪情况反馈。这个反馈信息全班师生和家长是共享的，目的是给家长管理孩子使用手机站台撑腰！

一天晚上放学后，足球在校园从"天"而降。政教处反馈后，我查看班级监控，发现这是因3个同学在教室传球导致的。我及时与相关学生家长进行沟通，并对这3个学生动之以情、晓之以理、导之以行，严格按照校规给予了相应处分。该事件的严肃处理，对班级不良风气的反弹起到了震慑作用。

三是团结任课老师，行因材施教之策。团结6班的各位任课老师，老师是6班发展的最主要力量。对成长中有困难和有困惑的学生、个性张扬过度的学生因材施教，使他们逐步融入班级"百舸争流"整体向上的氛围中。

班风正了，和谐稳定的学习环境让学生和老师心气顺了。良好的班风赢得了学校和家长们一次次的赞扬。同学们快乐成长的笑容又一次成为班级最美的风景！

踏实求进

为了落实"双减"政策，我结合班级实际给同学们提出了"惜时，标清，专注，高效"的八字方针。这八字方针能够帮助学生用好在校的零碎时间，精准把握学习目标和内容，提升学习的专注度，提高学习效率，这对落实学校提出的"双减"减量不减效的要求起到了较好的推动作用。一个学期下来，6班学习成绩有了明显的提高。

问题不会完全消失，历史总会重复。接近期末时段，部分同学开始躁动，班里出现了政教处高度重视的校园安全事件。是严肃处理还是低调缓和处理？在政教处的关注指导下，我采取了"教育为主，惩戒为辅"的措施，既对当事学生起到了教育作用，又对班级良好风气的再优化起到了稳定推进作用。

虽然6班有着这样或那样的历史性问题，但6班同学的优秀品质开始不断涌现。2022年中招，6班同学的成绩都达到了自己的巅峰，那位个性张扬的同学考出了589分的历史最佳分数。

后 记

毕业一个月后,我给6班孩子们写了一封"家书"表达祝贺和思念,祝贺6班同学以优异的成绩毕业,思念和他们在一起的点点滴滴。

6班的孩子们:

提笔未字,泪涌心头……

想你们!相信你们也会想我,想我们的6班!

昨天让曼曼妈妈给大家发毕业证,我是犹豫的。想过去自己发,看看你们,但又害怕见了你们又要分开!虽然我们也仅仅一个月没有见面,思念啊,回忆一幕幕浮现在眼前。

每天早晨我大都第一个到校。第一眼要瞅瞅班级昨晚的值日效果,教室保持整齐有序是若琳同学的智慧、值日生的辛苦和大家配合的成果,虽然卫生区还未打扫,但我知道惠宇小哥一会儿就会指挥搞定。早读"发动机"有马牌(绍轩)、逸声牌(嘉逸、钰声),但总需老师时不时加油。高俊美小鸟一般飞过来找我晨检签字,灏霖的晨睡告诉我们早读开始了!

徐班长的表总是最准的,子妍的错峰作息也是专利,誉的凳子只上不下(陈政誉早晨总是迟到,凳子还扣在课桌上),博涵、鑫生的假条没有墉泽的多。

值日生张在、石甲辰、孟香钰给我印象深刻;李昱衡弯腰捡起一片垃圾的样子永远印在了我的记忆里;每一次考场布置,若琳都会靠前指挥并坚守到最后;对于德育量化的把控,曼曼班长比我还要细致入微。当然,当讲桌收拾成五星级别时,我知道下边是语文课了。请大家放心,张鑫生把那条备受欺负的圆凳子送到"解放区"(我的办公室)保护起来了。(这条凳子是我们6班的"宝贝",我一定保护好,想你们的时候,我和它唠唠嗑)

安静的美男子张智尧,形象大使周宇展,男足郭队长率队与老班斗智斗勇,"神笔"王溢钧妙绘晚归中国红,绍轩和嘉逸一笑泯恩仇,昕课间辅导誉,叽叽喳喳的琳又蹭到了气定神闲的萱旁座,大卫的憨笑,泽铭的歌声,静格的课堂应答,晓伟

的酣睡，超然的燃，凌毓的灵……幕幕似在眼前！"唱歌了！""做眼保健操了！"呐喊声一直在我耳边萦绕……

后天要出分数线了，出分数线之后又是一阵喜忧雨。作为班主任老师，我想再絮叨几句。

"德"才是你最大的收获。明大德，守公德，严私德。要打骨子里热爱我们的国家，要打骨子里尊重所遇见的人。我们6班同学之间虽然有时候会因为沟通不畅有摩擦，但同学之间的情谊完全可以融化这些隔阂。我们班像葛思涵同学这样品德优秀的孩子有很多，是他们的安静无是非、包容不计恩怨、付出不计回报孕育了6班和谐、和睦的德育文化。

"勤"，一勤天下无难事！我经常给大家引用曾国藩的名言："天下古今之庸人，皆以一惰字致败；天下古今之才人，皆以一傲字致败。""百种弊病，皆从懒生。"吴盈萱的高分能论证，李昱衡的黑马突围也能说明这些。对此，有同学会很痛心，认为自己努力奋斗了却没有吴、李之优。孩子，请相信：中招只是眼前比较重要的事情，人生还有很多很多诗和远方！比我，你就是朝阳！我虽已年过半百，但愿与你一样继续挥洒汗水，继续书写拼搏的魅力！

看淡成败，不懈追求并享受拼搏的过程也是能力，更是境界。6班的孩子们，三年后的高考，七年后的考研……我已备好小板凳，静候佳音！

永远的老班

"家书"发出去后，收到了很多家长和学生的感人回复，摘录三则以记之。

回复1：

王老师的"家书"饱含着对孩子们润物无声的爱。

您是无边的大海，包容着孩子们的缺点和不足；

您是清澈的溪流，滋润着孩子们的心田；

您是黑夜的一束光，照亮着孩子们前进的方向；

您是孩子们眼中的"哏儿们""经典老题"，也是家长们心中的"定海神针"。

回复2：

您的幽默，让孩子自觉善良；您的教化，让孩子懂得方寸；您的自信，让孩子自觉阳光……您的"特别"烙进了孩子的青春记忆！

如此"哏儿们"，可遇不可求！是幸运，是幸福，是永存记忆的美好！是自豪，是骄傲，是难以割舍的师生缘！是离别伤感，是期许未来，是结束，更是开始！

回复3：

一封"家书"，情似初恋；两地遥望，思如潮水。赤诚一心，只为六班复兴，焚膏一年，终于金石镂成！

王老师，您于危难之间，挽狂澜于既倒，扶大厦之将倾，用心血哺育六十幼子，苦心孤诣为教育；用汗水浇灌六十幼苗，兀兀穷年为子弟，有目共睹，有耳共闻。身体力行，身教为先，您是徒儿们眼中的"北斗"；谆谆教导，殷殷嘱托，您是弟子们心里的"蛟龙"。

读罢斯语，感慨系之。吾辈定将以梦为马，不负青春，不负师恩，不负校培，不负国家，不负民族，为善向学！

一封"家书"三页纸，道不尽您与诸爱徒心底千钧情；一年光阴三百余天，比不了您与诸爱徒一生缘！

感如山师恩，谢似水柔情！此刻再阅"家书"，有心而难书，无言而涕下！

别让手机"偷"走你的梦

张碧博

八年级的校园生活是丰富多彩的、色彩缤纷的。班里文化墙上贴满了爱心形的心愿卡，清风拂过，日光朗朗，每一个摇曳着梦想的卡片都熠熠生辉。可是 10 月份以来就不断接到多个家长的诉苦电话，言谈间尽显焦虑和担忧。问题如出一辙：孩子们晚上回家写完作业之后，便沉迷于手机游戏或者聊天软件，如果家长有意见或者劝阻，孩子们就会理直气壮地说："作业已经写完了，我难道就不能休息会儿吗？"家长们只能心生闷气，却无可奈何。

事实上，家长反映的问题带来的是连锁反应，比如呈现在我眼前的是：因为急于回家玩游戏，所以这些学生便匆匆在校完成作业，甚至在课堂上也会忍不住一边听课一边赶作业，见缝插针写完的作业质量令人担忧。在家的放纵也导致学习态度的改变，对学习的热情严重下降，上课无精打采、发呆神游。电子产品的诱惑和其对学生造成的危害肉眼可见地在班里愈演愈烈。所以，我想一定要做些什么，让这些孩子不忘初心，为自己的梦想坚定不移地奋斗下去。

我先对一些对学习葆有热情的学生进行了采访，询问他们回家写完作业之后的安排。他们都是班里成绩不错的学生，自然也为自己制订了详细的学习计划和丰富的拓展任务计划，以填充自己的空余时间。于是我便激励班里的其他同学制订属于自己的课余计划：每天除了完成老师布置的任务你还做了什么，用作业记录本记录下

来，第二天上交。只要家长签字证明，哪怕只是多背了几个单词，我也会相应地奖励量化分。加分制度的刺激让学生有了新追求，在我的大力表扬下，很多学生纷纷加入其中。有额外刷题的，有观看时政新闻的，有跳绳打卡的，有阅读名著的，每天作业记录本上都会有点评，学生们的积极性一度高涨。

可是，这样的情况没有持续多久，有些学生再次身陷游戏世界，难以自拔。有一天，一位家长给我打电话控诉手机对孩子的影响。家长一旦强制收手机，孩子便会跟家长冷战，连饭都不吃。思来想去，我决定举办一次主题班会，开诚布公地跟学生们聊聊关于手机的事儿。

首先我在家长群里发了一份翔实的调查问卷。经过调查发现，班里 80% 以上的学生是可以每天使用手机看作业、查资料、听音乐、聊天的，家长也都规定了每天使用手机的时间。只有极个别学生是在家长严加管控下使用手机的。还有一小部分学生可以毫无限制地使用手机，家长无力监管。基于这种情况，我又在家长群内进行了投票调查，内容包括：

1. 对孩子使用手机，您的态度是

A. 允许使用手机，孩子较自律，且对学习和生活有帮助。

B. 不想让孩子使用手机，认为手机还是会影响到孩子，但孩子不乐意接受，家长只能顺从。

C. 手机对孩子的学习、生活没有太大影响，无所谓。

D. 已经发现孩子对手机有依赖行为，想杜绝孩子使用手机。

2. 如果老师建议孩子不使用手机，您的态度是

A. 支持。

B. 认为没有必要。

C. 反对。

根据家长们的反馈且在取得绝大部分家长支持的前提下，我召开了一次"聊聊手机那点儿事"主题班会，引导学生围绕"日常使用手机有无必要"展开了一次辩论。学生各抒己见，但大部分学生都认为使用手机是有必要的。

接着我问了学生几个问题：手机究竟给你们带来了什么？离开手机到底行不行？学生在讨论中逐渐明晰了手机带给他们的更多的是短暂的精神愉悦，之后反而会衍生出很多麻烦和空虚感。但依然有学生强调使用手机可以查资料、听新闻，是有益于学习的。

然后我们进入最后一个话题：我们可以用什么来取代手机的作用？这时班里经常考第一名的学生站起来说："我从来不依赖手机，但这并不影响我及时充分地获知时政新闻，也不影响我查阅资料。晚饭时的时政新闻，桌头的各类词典要比手机靠谱得多，还能避免自己不自觉地滑向其他新闻或者顺便开启跟同学的闲聊。"他的言论掷地有声，很有说服力，顿时有几个学生纷纷建议用其他设备代替手机。班会开到这里，学生们都懂了老师的意思——哦，原来老师是不太想让我们使用手机的。我又在幻灯片上展示了日常抓拍的一些图片：A 同学不止一次在早读或上课的时候，趴在桌子上睡着了；B 同学试卷上的主观题答案与参考答案一字不差；C 同学作业的字体和之前相比潦草了许多。当问及原因时，三个学生倒也很坦诚。A 同学说因迷恋游戏，晚上睡得晚，白天实在没精神；B 同学说他利用了手机扫一扫功能，答案是抄袭来的；C 同学说他最近因沉迷网络聊天，状态不好，心思不在学习上，所以做作业总是敷衍了事。之后，我便看到很多学生低下了头，我想他们大概从这几个学生身上也看到了自己的影子。

于是，我动情地说道："同学们，我们每个人的梦想都很美好，但它不应该仅被贴在墙上，更应该被存于心间，落实于行动。追梦的路上有诱惑、有坎坷，半途而废的背后有千种借口，而成功的背后却只有一种理由，那就是坚持！"

然后转换幻灯片内容，一行大字——"挑战你的意志力，别让手机'偷'走你的梦"跃出。我给学生分别发放了拒绝手机我能行的家长告知书和学生承诺书，期待学生能自愿参与挑战。当然，对于其中几个问题较严重但又不太情愿参与的学生，我还特别写了一封短信加以引导和鼓励。

告知书

亲爱的爸爸妈妈：

自今日起我将自愿加入"拒绝手机我能行"行动小组，选择时长为（10天、20天、30天）。在此期间，请您尽量不在家中放置手机，在我有申请使用手机的想法时可以给予我提醒，在我烦躁时包容我的小心情。

同时，也期待您能在我的每日记录表上及时如实填写，以便我参与班级的展览。

另外，如果我成功了，我期待获得奖励。

谢谢你们的爱和帮助，相信我会迅速调整好自己的状态，成为你们和老师的骄傲！

承诺书

我自愿加入"拒绝手机我能行"行动小组，选择时长为（10天、20天、30天）。在此期间，我将控制自己不再要求使用手机，不再因为手机乱发脾气，不再因为手机影响正常学习。

承诺人：

日期：

同时，因为学生的沉迷程度不同，所以设置了三种不同的挑战时长，分别为10天、20天、30天。挑战达成之后，我会根据挑战时长给予他们不同等级的奖励。

活动开始后，我陆续收到了学生的反馈表，大部分学生都坚持了20天。也收到了一些家长的反馈：该活动起到了很好的效果，学生可以放下手机了；通过这次活动，学生发现离开了手机生活也能正常进行，学习上更用心了；等等。同伴的带动让班里依赖手机的学生也心生惭愧。同学们对学习的热情一度高涨，班级也借机成立了"师徒组合"和"胖胖锻炼组"等学习与活动小组。相信在充实而多彩的课余生活中，学生都能找到一个健康的心灵栖息地。

青春的每一个梦想都值得被细心呵护。当然，作为班主任，与电子产品的斗争之路依然漫长，但怕什么道路漫长呢？走一步有一步的风景，进一步有一步的收获，星空不问赶路人，岁月不负有心人。

"法""情"交融促成长

王 磊

说起我的带班理念，其精髓就是两个字："法"与"情"。"法"就是指用严格、公正的规章制度来管理班级。"情"指的是用阳光的心态和稳定的情绪来感染班级。二者相辅相成，缺一不可。

先说"法"。习惯决定命运，细节决定成败。这是我一直给我们班学生灌输的一个理念。因为拥有好的学习和生活习惯、精益求精的态度对于处在人生观和世界观形成时期的中学生来说格外重要，所以从学生七年级入班开始我就着手培养他们的习惯。而学生良好习惯的养成除了需要老师的有效引导，更需要严格而公正的班规班纪来约束，所以我依据我们班学生的自身特点和具体班情，以及我所希望学生达到的状态，最终从学习、纪律、卫生三大方面来制定班规。学习方面，从作业和课堂两方面入手，制定作业上交和课堂表现的有关规则，从而培养学生良好的学习习惯；纪律方面，从到校时间、课间活动到自习课纪律都制定了具体的要求，从而教会学生自律；卫生方面，从打扫时间、职责分工到质量验收都有相应的评价标准，从而培养学生的劳动品格。

从多年班主任的工作经验来看，班规的制定除了要符合本班学生的特点，还要简洁明了、重点突出、执行性强，切忌长篇大论、无所不包。班规内容要针对班主任想培养的习惯做出明确要求，以及学生经常犯的典型性错误给出明确惩罚措施。给出的惩罚措施必须有较强的可执行性和可量化性，真正做到有"法"可依、犯错必究。

在期末综合素质评定时，从道德品质、公民素养、学习能力、交流合作与实践创新能力、运动与健康以及审美与表现六大方面进行，可以依据平时班级日志的记录分门别类地进行评定，从而做到公平、公正。

此外，为了进一步培养学生的习惯，除了制定班规，还专门制定了"班级一日行为规范"。

班级一日行为规范

1. 每天早上7:30到校，值日生7:30之前打扫完卫生，7:30—7:35收交作业。

2. 交完作业后进行晨读，不做与晨读无关的事情（如补抄作业、说话、睡觉等）。

3. 预备铃响后，所有学生立即回班坐好并准备好下一节课所需要的书本和用具，课代表开始领读，全班学生大声朗读等待老师上课。

4. 每节课结束等待一分钟后再出门，在这一分钟内把上节课内容做一简单的总结梳理，有问题的及时去问老师。等老师出门后或者老师允许出门后再出门。

5. 眼保健操铃声响起后，所有学生必须规范地做眼保健操，其间不睁眼，不做其他事情，当天值日班长进行检查。《运动员进行曲》响起后，所有学生必须迅速到操场上指定位置站好，体育委员清点人数。课间操期间所有学生认真按要求规范地跑操或做操，不做与跑操或做操无关的事情（如说话、打闹等）。

6. 中午留校午自修的学生必须于12:45准时进班开始午自修。午自修期间坐在自己的座位上，严禁外出，同时保持安静，不影响他人的学习和休息。

7. 下午2:10到校，值日生2:10之前打扫完卫生。所有学生入班后随即坐在自己的座位上开始自习并保持安静。如果下午第一节课需要换班，换班铃响之后立即开始换班，且唱歌的音乐响起之前所有人必须离开教室，完成换班。

8. 下午第二节下课后各科课代表应立即把当日该科作业清楚地写在黑板上，并把需要发的作业、资料、试卷等分发完毕，不影响第三节自习课的进行。

9. 自习期间自己独立学习。自习课结束后，由值日班长进行当日总结。总结结束后，到室外活动，留在班里的学生必须始终保持室内安静，创造一个良好的学习环境。

学生只要按照"班级一日行为规范"的要求去做，就能够慢慢养成良好的习惯。可以说，我们班的班规和"班级一日行为规范"就是班级的最高公约，其地位不可撼动。

有了科学合理的规章制度只是第一步，能否把其贯彻执行到位才是关键，而执行的关键是强有力的班委。所以一定要培养得力的班委才能保证班规的有效实施。

我挑选班委的标准是"德才兼备"。无论何时，"德"都是第一位的，班委一定要选有正气、充满正能量的学生。所谓的"才"指的是才干，而不仅仅是学习成绩，同时还要有统筹能力、决策能力，已然形成的威信也可以作为参考标准，总之，要具有把班主任布置的任务出色完成的能力。同时班委也一定要能够不打折扣、铁面无私地执行班规。为了把班规贯彻执行好，我们班每天都要进行一日总结。总结由当天的值日班长和班委共同完成。总结完之后，对于那些表现不好和违反班规的同学，值日班长会根据班规处理。总结的全过程我只旁观，并不参与，尽可能实现学生的自我管理。

再说"情"。作为班主任，个人的情绪管理是最难的。遇到班级问题时，班主任的情绪难免会受到影响。例如，当有些学生的行为严重违规时，班主任很可能会因为在气头上人为增加惩罚力度，但这样做既会损害班规的权威性，又会让学生觉得老师是"一言堂"，从而损害班级的民主性。所以，即使学生犯的错误再令人生气，班主任也要保持情绪的稳定以及心态的平和，并按照班规办事，切忌在崩溃的情绪中随意惩罚。

同时，班主任负责全面管理班级，管理过严会使得学生比较害怕班主任甚至产生抵触情绪。因此，班主任在批评学生的时候要从以下四个方面出发，即清楚的事实、稳定的情绪、中肯的评价和有效的建议。其中最重要的就是保持稳定的情绪。遇到问题时，班主任要能够稳住自己的情绪，不能简单粗暴地发泄情绪，因为这样只会进一步伤害学生与班主任之间的情感。只有在冷静的情况下，才能够调查清楚事实、给出中肯的评价以及提出有效的建议。也只有这样的批评，学生才会心甘情愿地接受。同样，只有班主任时刻保持阳光的心态，班里的学生才能从其身上感受到温暖；

只有让学生感受到了阳光与温暖，学生才能像小树苗一样茁壮健康成长。

　　总之，只有在严格、公正而又有效的规则约束下，一个班级才能形成良好的班风，班内的学生才能养成良好的学习和生活习惯。心态阳光、情绪稳定的班主任能够温暖学生的内心，从而使他们健康成长。愿所有的班主任都能够做"法""情"交融的智慧老师，与学生们一起和谐成长。

"家"和万事兴

张阳花

带班二十余载，于我而言，每个班集体都是一个"家"。在这里，学生、老师、家长虽经历不同、认知不同，却都有同一目标、同一愿望。正所谓"家和万事兴"，唯有和谐团结，才能成就"家"里的每一个人！

这个"家"，成于军训前，识于军训中，知于四季里，里面盛放着我们师生或酸或甜但都值得纪念的故事。历时三载，记忆余生！

一、坚持不懈，强化班风与学风

班风与学风形成于七年级。起始年级，需要手把手教会学生如何做事情，不仅包括班委们如何管理班级、课代表如何服务于班级且成为学生与老师的桥梁，还包括学生在校一天每个时间节点该做什么事情；不仅有课堂听讲指导，还有学习方法指导，也有如何合理安排时间的指导、值日方面的指导等。就这样，在日复一日坚持不懈的努力下，班风与学风逐渐形成。"搏乐一班，心强志坚，为梦而战，浪斩重山"渐渐成为班级文化。

班风与学风的形成并不意味着能一劳永逸，及时巩固强化很有必要。八年级的学生因对环境的熟悉渐渐在各方面略有松懈，学风也随之淡化。八上期末家长会上，我深刻剖析了班级存在的问题，通过一个假期的引导与跟踪，八下班风与学风逐渐好转。

二、努力做好与任课老师的配合工作

班主任既是学生与任课老师之间的纽带和桥梁，又是任课老师的服务者。如果哪天学生反映作业多，我会减少我布置的学科作业

或不布置作业，以支持学生完成其他学科作业；如果学生最近对哪个老师有看法，我便利用班会时间跟学生交流，让学生学会换位思考，理解老师的不易；我会提醒学生去关心任课老师，当老师为了学生牺牲休息时间或者就餐时间时，学生就会悄悄帮老师带来面包和牛奶；节日之时，我会给学生买来卡片，让学生写上祝福，送给任课老师……班主任对任课老师的态度，影响着学生对任课老师的判断；班主任服务于任课老师，学生有目共睹，也会主动为之。在我和同学们的配合下，各任课老师的热情得到很大激发，为我班各科成绩的提高付出了巨大努力。

三、家校配合共同助力孩子成长

家长的支持，更有利于班级的管理。在我们班组织的去登封植树的活动中，家长志愿者们积极安排：樊爸爸提前安排树苗，田妈妈和杨妈妈统计学生人数，王妈妈和罗妈妈联系大巴车，景爸爸安排了学生的午餐。此次经历，学生们应该会终生难忘吧！在外语文化艺术节中，几位妈妈主动到学校给学生化妆打扮。对这些为班级服务的家长，我们班级的每个学生都感激不已，这些家长的孩子也都为父母感到骄傲，同时也带动了更多的家长积极加入到为班级服务的行列。

班主任也要及时做好家长工作，助力孩子成长。

我班有一个"虎妈"，乐于对孩子进行挫折教育。孩子会私信我，有时候，作业本上有她的倾诉；有时候，纸条上有她的心声。对于孩子而言，她理解妈妈的苦心，却不赞同妈妈的教育方式。后来，我就劝这位家长在进行挫折教育的同时，学会当一个有爱、会爱的妈妈，并鼓励她通过坚持打卡来调整自己的教育方式。一段时间后，孩子的性格明显开朗了许多，笑容多了，心态好了，成绩也突飞猛进。

我班有一个包办孩子一切的妈妈。孩子的学习全陪，家务全包，导致孩子缺少担当。孩子作为课代表，缺乏基本的责任感，工作屡屡出现失误，心理负担重导致成绩下滑，甚至在校抄袭作业。当妈妈得知孩子的情况后，要求他回家写作业，可惜一段时间后成绩下滑更严重。一问才知道，孩子写作业期间，她一会儿去看看，一看就唠叨几句，孩子甚是厌烦。很显然她没有找到问题症结。我和她进行了深度沟通，鼓励她从生活小事入手培养孩子的责任感。孩子在妈妈的教育下越来越有担当。

　　总之,"家"需要家庭成员一起用心经营。老师倾心、孩子尽力、家长助力才能成就一个优秀的班级,因而三方的互相理解、互相支持、互相帮助至关重要。唯有我们携手并肩、团结一心,方能互相成就以达到共赢!

　　"家"在,心齐,"家"必"和";"家"和,竭力,事必"兴"!

"五结合"让劳育落地生根

李新颜

劳动教育是学校教育的重要组成部分，对培养学生正确的劳动态度，提高学生的劳动能力，促进学生养成良好的劳动习惯，提高学生的综合素质意义重大。身为班主任的我意识到劳动是学生生命的底色，劳动教育是新时代砥砺前行、创造美好生活最有力的实践。只有把劳动的种子深植在他们心中，让他们热爱劳动、勤于劳动、善于劳动，才能真正实现劳动教育的落地生根、开花结果！

一、劳动教育与主题班会相结合，树立劳动观念

劳动教育可以拓宽德育空间，丰富和深化德育内容，使德育工作更开放、更灵活、更有效，而主题班会正是实现这一目标的有效途径。

当四月含羞退去，五月踏歌而来的时候，我抓住五一国际劳动节的契机，设计了"劳动最光荣"主题班会，让缺乏劳动认知和驱动力的学生增强尊重劳动、崇尚劳动、实践劳动的意识。班会课上，我给学生讲述了新时代劳动模范的感人故事，如发扬工匠精神自学成才的响当当的"桥吊专家"许振超；谢绝优厚待遇，一心扎根飞机研发的航空"手艺人"胡双钱；全心全意服务患者的"大眼睛天使"护士长陈贞……之后组织学生讨论：这些劳动模范为什么能够取得成功？最后形成共识：三百六十行，行行出状元。但不论从事什么行业，要想取得成功，必须付出辛勤的劳动。这些劳动者在各自的岗位上埋头苦干，不懈奋斗，铸就了"爱岗敬业、甘于奉献"的劳

动精神，有力地诠释了"争创一流、勇于创新"的劳动价值。他们的劳动故事有着极强的示范和引领作用，可以帮助学生形成正确的劳动观念，养成积极的劳动态度。

在因疫情蔓延、开学无期的"超长待机"时期，我再一次抓住劳动教育的绝佳时机，开展了"宅家防疫，劳动有我"的居家劳动教育系列主题班会，将家庭作为生活劳动的主阵地，通过各类活动将劳动教育融入学生的日常生活。"厨艺大比拼""最美书桌评选""发现劳动之乐"等系列活动的开展，让学生在居家防疫时期，学会了做饭，学会了整理房间……身体力行，方知甘苦。学生从"十指不沾阳春水"到"料理家务样样行"的过程中，既习得了劳动的技能，收获了劳动的快乐，还懂得了体谅父母，感恩亲人。

二、劳动教育与量化考评相结合，强化劳动意识

为了激发学生劳动的主动性和积极性，使学生人人想劳动、愿劳动、爱劳动，我决定加强过程性评价。评选"劳动之星"是我在班级管理中采用的比较有效的评价方式。在大家共同商量之下，起草《劳动量化评比方案》，建立量化评比制度，通过每日一小评、每周一小结、每月一总结，最终评选出劳动之星。这一制度注重学生的劳动认知、劳动技能、劳动意志、劳动习惯、劳动价值等过程性和结果性评价，激发了学生用自己的劳动去实现自我价值的积极性。认真做好值日生，让班级窗明几净、桌椅整齐；积极争当志愿者，帮助班级搬运书籍、擦黑板，让同伴因为自己的存在而感到幸福……看着自己的量化分不断增长，学生参与班级劳动的积极性越来越高，小小的1分、2分的量化分背后是学生劳动意识的不断强化，劳动习惯的逐步养成，劳动品质的日益提升。

三、劳动教育与学科教学相结合，培养劳动精神

学生的劳动观念、习惯的形成，态度、精神的培育，不是一蹴而就的，在学科课程中渗透和融入劳动教育是最基本、最普遍的形式。班主任要充分挖掘学科课程中相关的劳动教育资源，创新劳动教育途径、丰富劳动教育形式、扩充劳动教育内容，把学生的学和做联系起来，从而达到观念、技能、品质上的知行合一。

在我所教的语文学科中，就有大量可以进行劳动教育的素材，因此，深入挖掘

教材中的"劳育"元素，引领学生在阅读文本中潜移默化地受到中国传统文化的熏陶、体悟劳动的丰富内涵就成了我进行劳动教育的重要途径。如朱德的《回忆我的母亲》，文章用大量的笔墨叙写了母亲一生的勤劳以及对朱德终生的影响，"母亲最大的特点是一生不曾脱离过劳动""我就悄悄把书一放，挑水或放牛去了。有的季节里，我上午读书，下午种地；一到农忙，便整日在地里跟着母亲劳动。这个时期母亲教给我许多生产知识"。这些朴素真挚的文字传递出朱德对母亲一生勤劳的崇敬和赞美，可以让学生在反复诵读中去体悟劳动的传统文化内涵。再如在《中国石拱桥》和《核舟记》中，中国古代劳动人民的精湛技艺被描摹得出神入化，跃然纸上。由"技"到"道"，这种劳动智慧现在已经成了国人所推崇的"工匠精神"，这何尝不是劳动创造出的奇迹，劳动创造出的楷模？学习时，可以激励学生向先辈学习，传承敬业、精益、专注、创新的劳动精神。凡此种种，在语文学科中渗透劳动教育，能让学生深入理解劳动内涵，领悟劳动价值。

四、劳动教育与家庭教育相结合，养成劳动习惯

劳动教育是最好的生活教育。可近年来，中小学劳动教育受到较大程度的削弱，尤其是在家庭教育中，很多家长忽视了这个最基本的共识和常识，走入了劳动教育的误区。如：劳动付报酬，膨胀了孩子的功利心；歧视劳动者，进行"人上人"的有毒励志教育；一手包办，让孩子变成劳动"低能"；等等。这些家庭教育的误区挖掉了孩子接受劳动教育的根基，因此，对孩子们进行劳动教育一定要和家庭劳动教育相结合。于是，我采用调查问卷的方式了解班级中每一个孩子参加家务劳动的情况，在进行分类整理后，针对不同的情况进行电话沟通或家访，和家长详细普及劳动教育的重要性，建议他们让孩子参与家庭劳动，做一些力所能及的事情，从细节入手培养孩子的劳动习惯、增强孩子的家庭责任感。

五、劳动教育与班级常规工作相结合，锻炼劳动技能

自我服务是最简单的一种日常劳动，劳动教育一般都是从自我服务开始的。教室是学生学习生活的场所，如果学生没有良好的生活习惯，教室就会变得脏、乱。班主任要善于洞察不良行为现象及其根源：垃圾从何而来？物品摆放是否整齐？窗

台窗帘是否干净整洁？值日的效果如何？然后帮助学生分析原因。如物品摆放乱是因为没有整理物品的习惯：看完的书随手就放，用过的笔没有放回到文具盒里，桌面上的作业本东一本西一本，衣服乱挂等。让学生自查自省，立刻整改。言传不如身教，在平时班级劳动中，我既是劳动的指挥者，又是劳动的执行者，以自己的实际行动维护班级环境，让学生从我身上吸收更多的正能量。

马克思说，劳动创造了美。劳动的美学价值不但体现在劳动的成果上，更体现在劳动的过程中。一个学期的劳动教育和劳动锻炼唤醒了学生内在的生命意识，浸润了他们的生命品格，使他们逐渐形成了热爱劳动、珍惜劳动成果、勤俭节约的优秀品质，劳动教育真正在我们班落地生根、开花结果！

与"假努力"说拜拜

杨 莉

人们常说，一分耕耘，一分收获。勤奋未必成功，但不勤奋就注定失败。但是，为什么有的学生明明很努力，成绩却不好呢？因为他们可能在假学习、假努力，有时候别人眼中的"努力"，不过是他们的懒惰导致的低效延时作业。

说白了，低质量的勤奋的本质是真懒惰。

我们经常被一些低质量的勤奋蒙蔽双眼，觉得某个学生永远那么乖巧努力，不与人打闹，不爱疯跑，总能端坐在书桌前看书、写作业。若这部分学生成绩不甚理想，便无比遗憾，觉得一定不是学生的问题，他已经尽力了。事实真的如此吗？其实这个群体中也藏有"懒"学生。比如肢体懒惰的学生，上课不爱动笔，喜欢用眼睛看、脑子想，考试时常常眼高手低；用脑懒惰的学生，则是机械地记笔记、刷题，而不"琢磨"、不"走心"、不"过脑"。课上的懒惰又会导致课下做作业进展缓慢，无限延长的时间会让他们格外疲惫但收获甚微。别人在学习时，他在学习，别人快速完成任务开始娱乐、休息时，他却在打"持久战"，到最后又没有理想的成绩作为回报，导致既没玩好又没学好。这样的"勤奋"，是一定要避免的。

在我任教的班级里，有一个女学生，坐在班级前几排，给老师和家长的感觉是特别乖巧和安静。但是在几次测评中，她的成绩并不理想，甚至一直在退步。焦虑的家长赶紧打电话询问："孩子平时很努力，也不摸手机、看小说，为什么考不好呢？"我劝家长不要着急，一起共同关注孩子的学习情况，家长在家观察，我在学校观察。经过十几天的观察发现，课堂上，这个学生对于幻灯片或者是黑板上的内容，只管记，似乎对老师讲的内容并不关心；家长给我的反馈是：晚上回到家里，先完成学科作业，然后把当天笔记誊写在一个精致的本子上，用荧光笔做记号，并不关心笔记内容，对于作业上的错误也置之不理。实际上这是在做表面功夫，并不是"真勤奋"，这是"假努力"，无效努力，不"走心"的努力！

这样的学生还有一个特点，就是对自己的学习没有清醒的认知，哪里学得好，哪里学得不好，不好的地方困难在哪儿，往往说不清。鼓励他多提问题，他却往往提不出问题。但很多时候，"没问题"恰恰证明学生没有听懂，没有融入课堂，试想，对于一个你完全不懂的领域，让你去提问，你能提出问题来吗？当然不能。所以，对于学生，尤其是上了中学的学生，我们必须要引导他自己去思考，去发现问题，这样才能培养出自主学习能力，才能做到有效学习，而不是披着勤奋的外衣，做假象，磨洋工。

可见，勤奋不是单纯拿时间来衡量的。

担任推荐生班的班主任多年，我常见到这样一类学生，他们在学习和生活上都表现得特别从容，简单地说就是——玩也玩了，学也学了。这并不一定是因为他们更聪明，而是因为他们懂得上课高度专注，认真听，勤思考，有困惑随即提出并解决。这样的勤，其实质是在有效的时间里，高效地把该做的事情完成，继而有更多的时间去自由支配、丰富生活。

这恰恰是我们倡导的"真勤奋"！简言之，"真勤奋"就是在正确的时间高效专注地做正确的事。

所以，要提醒家长们：不要认为孩子一天到晚坐在书桌前，就是好好学习，就是勤奋。长时间学习不等于深度思考，也不等于学进去了。长时间学习可能是在毫无意义地刷题，刷题多不见得就有好的效果。有的学生就是在刷题的过程中，一遍、两遍、三遍地重复自己的错误，这是很可怕的。学生长时间学习的原因，可能是低效，甚至是跑神、聊QQ……所以，家长们要学会辨别勤奋的真伪。

那么，识别之后该如何有效改变孩子"假努力"的现状呢？

首先，要训练孩子的注意力。进行从短时间到长时间的训练。比如从5分钟开始，定一个闹钟，让孩子在5分钟的时间内全神贯注地做一道题、背一首诗，然后慢慢延长时间。在训练时，不放让孩子分心的东西在身边……必要时家长陪伴、提醒。

其次，教会孩子如何记笔记。上课时，以听和理解为主，以记笔记为辅。笔记不必面面俱到，以重点为主。切忌一字不落地记下老师所有的话。要用自己的语言记笔记。老师在上课时可能会用到很多专业术语，真正会记笔记的孩子，会把老师的专业术语转化为自己理解的语言。

最后，培养他们的执行力。学习仅凭短暂的热情是不够的，让学习热情发挥最大效益的法宝就是执行力。真正的强者，不是强在制订计划，而是强在执行力上。在平日的班级管理中，我常常用以下言语启发学生。

1. 明确了方向和方法，就去做吧，有困难也要做。

2. 颠覆自我是一个极其痛苦的过程，贵在坚持。

3. 学习是艰苦的、孤独的，但也是快乐的。

4. 学习能带给你最大的满足感和幸福感——过程越痛苦，成功后的满足感和幸福感就越大。

5. 学习上的强者必然有极高的专注度和持之以恒的精神。

6. 高专注度和恒心是未来成功的法宝。

时间无痕，却在每一个人身上留下相应的痕迹。不要"假努力"，也不要因为没有结果就放弃努力。因为只有不懈奋斗，生活才有可能给出你想要的答案。有句话说得好，人生最好的贵人，就是努力向上的自己。希望通过我的一己之力，帮助学生们能与"假努力"说拜拜，愿他们在各自坚持的道路上遇见更好的自己！

通过班务公开增强凝聚力

白 露

我担任班主任多年,每天都与这些至真、至善、至纯的孩子一同成长,获益良多。回望过往,最大的感触是,班级事务的公开透明,无形中增强了班级的凝聚力。

班务公开主要从以下三个方面开展:

一、班级每日小结

充分利用班级日志对班级一日常规进行详细记录,每天晚上6:20进行当日小结。结合班级日志中"违纪及个人现象"这一模块,在综合考虑班内学生可及时查阅、及时发现问题、及时进行自我纠正等因素后,制作了单独的纪律监督本,由纪律委员每周轮流进行记录(同时接受便利贴形式的反馈)。在此期间,同学们可以随时翻阅纪律监督本。当天晚上6:20之前,纪律委员要将纪律监督本交给值日班长,小结时一并进行情况说明。

以5月4日小结为例:

今天全勤。

卫生:清洁区打扫速度较慢,需提高效率;讲台上粉笔灰要及时清扫。

两操:课间操时,队伍间的间隔比之前减小,请继续保持。

课前准备:优点是课代表能主动进行检查,不足是两分钟铃响后教室不够安静。

自习:下午第三节自习举行五班、六班篮球赛,秩序良好,大

家都能积极参与到活动中。我们要看重过程，看轻结果。只要有实力，咱们定能崭露头角。但个别同学喝倒彩，需注意！请端正自己的态度！

今天需要注意的：陈同学，数学课不专心听讲（被批评）。语文课，刚上课时，有同学窃窃私语，后半节较安静。

早读表扬：认真读书的有贾同学、高同学，坐姿端正的有李同学、焦同学。请大家向他们学习！

卫生委员汇总上周量化情况：清洁区周一因有垃圾扣0.1分。宿舍208、209各扣0.1分，请宿舍负责人今晚再次开会强调内务整理。其他方面请同学们继续保持。

以上所展示的是5月4日小结的情况，每周一的小结时间可能较长，大概5分钟（因为需要对上周班级量化情况进行反馈），其他日小结时间控制在3分钟内，每日小结后课代表再强调一下当天作业的注意事项。

曾子曰"吾日三省吾身"。通过班级每日小结，每位同学都能较好地自我反思，在班级大环境下，大家更能明确自己应如何取长补短，争取明日更加精彩的表现。

二、班级量化的公开透明

1. 量化制度的完善

俗话说："没有规矩，不成方圆。"在接班之前，我就有意搜集了许多有经验班主任的班级量化细则，集众家智慧，再加上老班主任的指导，写出我班量化细则框架，大体包括思想、纪律、卫生、学习、宿舍五个方面。班会上，大家以小组为单位对量化制度进行细化，最终的量化管理细则是大家集思广益的结果。随着量化制度的推行，也发现了一些问题：早读到班后嬉戏、打闹者不知如何扣分；作业不好，被老师批评不知如何扣分；小组本周值日没有被扣分，如何奖励；互背小组成绩明显进步，如何奖励……所以，我们对量化内容又进行了修订，补充了一些未明确的加扣分细则。例如：

1. 乱往别人桌斗内扔垃圾，除公开道歉，扣2分。

2. 课代表课前不认真检查，扣2分。

3. 班委违纪，双倍扣分。

现行的量化制度可谓是班级稳步前行的有力保障。

2. 量化分数的统计

在量化制度的基础上，量化分数的统计自然轻松不少。从最初带领班委一起汇总分数，到现在班委独自完成，我颇感欣慰！

量化分数是由思想、纪律、卫生、学习、宿舍、留班六个方面构成的。

前五个方面与量化制度是一一对应的，留班是新增添的内容，主要考虑到中午留班的纪律，学校会对中午留班卫生情况进行抽查。学校及时的反馈也促使我班学生养成了较好的卫生习惯。不乱扔垃圾，桌面上不堆积与课堂无关的书，桌斗内物品摆放整齐，等等，这些都为提高学习效率创造了有利条件。

量化分数的6项内容分别由6位班委负责统计，每周四上交表格，班长进行汇总。汇总后的量化内容直接公示于班内的白板上，公示时间为周四晚上到周五下午第三节上课前。这段时间，同学们可以查阅自己本周的量化分数。若有疑问，可找相应的负责人解决。若出错，谁负责谁修改。另外，班级每月、每半学期、每一学期都会对量化内容进行公示。

公开透明的量化分数为学期末的综合素质评定打下了良好的基础，对于A、B、C等级的划分，自然也少了许多困扰。

班级量化管理的日趋完善，让每位同学都充分感受到了公平与公正。他们也更乐于接受自身所存在的问题，积极改正。可以说，他们每天都能感受到进步的快乐，都能体会到"我是班级主人"的优越感。在这样的环境下，他们怎会不热爱班集体，怎会舍得给班集体抹黑呢？

三、班级监督委员会的成立

"老师，班委或课代表如果相互包庇怎么办呢？"

"你观察到有类似的情况发生吗？"

"那倒没有，但如果真有，怎么办呢？"

这就是我要分享的第三个方面。

爱因斯坦曾说过，提出一个问题往往比解决一个问题更重要。学生提出的这个问题必须未雨绸缪，但毕竟我一个人的力量是有限的。"高手在民间"，何不把民间的问题再"抛回"民间？班会上经过讨论，最终大家决定成立班级监督委员会，成员由非班委、非课代表人员组成。

每周有4人通过表格监督、反馈班委和课代表人员的日常工作情况，有问题可及时指出，也可由班主任代为转达。每周五的班会，我会抽出时间单独对监督委员会成员反馈的内容进行总结，做到奖罚分明。班级成员由此更加信服班委，而班委的工作也能得到最大程度的拥护。

班级管理是一门艺术，它不仅需要班主任的实干，更需要班级每位成员的认真参与。而班务公开让琐碎的班级管理清晰地呈现在大家眼前，这样的"一目了然"无形中凝聚了人心，学生们真切感受到了自己是班级的主人，看到了"人人为我"的服务流程，自然更愿意参与到"我为人人"的班级民主管理之中。

如何培养优秀的班干部团队

刘俊丽

班干部是班主任的左膀右臂，他们传达师生信息，沟通师生情感，起着桥梁和纽带的作用。一支优秀的班干部队伍在班务管理中起着关键作用，是优秀班集体形成的重要条件之一。所以在班集体中打造一支优秀的班干部队伍无疑是班级管理工作的重头戏。那么，我们该如何选拔和培养班干部呢？我认为应该从以下两方面入手：一个是班委的选择，另一个是班委的培养。

如何选择班委

1. 班委成员一定要有"试用期"

初次接触学生是在军训场地，根据以往经验，军训期间表现积极的同学不一定是你的好助手，还有一些同学只愿意帮你干活而不愿意学习，"提学习伤感情"，他们是"好孩子"但不是"好学生"。记得我第一次当班主任的时候，想在军训时通过观察选出一个称心的班长来。刚好有一个高个子女孩，做动作特别标准，军训过程中表现得十分坚强，教官也经常夸奖她。后来经过交谈，知道她学过舞蹈，唱歌也很棒，关键是小学时一直是班长；她还告诉我她是如何管理班级一些比较调皮捣蛋同学的。我当时特别开心，大家都说选班长很难，我却这么轻易地就寻到了一个得力干将。我建议她去竞选班长，她也如愿当上了。但在她当了班长之后，我才发现她身上有很多毛病：不让别人自习课说话而自己却说个不停，包庇好朋友，

喜欢班里的某男生并给人家写纸条。班里同学对她的意见很大，班级一度陷入混乱。班级没有开好头，后来费了很大的劲才调整过来。我后来带班时，都是军训后先成立临时班委，经过一段时间的考察和学校测评才会定下最终的班委成员。

2. 带着"定语"寻找班委

我寻找班委的定语是学习成绩好的、责任心强的、能力强的。我之所以把学习成绩好排在第一位，是因为在学生时代，学习成绩好是"内核"。用一个学习成绩很普通的学生去管理比他成绩优秀的同学是很难服众的。而有些学生，尽管学习成绩优异，但对同学比较冷漠，对班级事务不热心，也不适合当班委。另外，班委还要有责任心。如果交代什么事，他都迟迟不做，这会影响班级的工作效率。我把能力放在最后一位是因为能力不能没有，但班委的能力是可以培养的。有一些优秀但做人很低调的学生不易被发现，他们埋没在人群之中，然而是金子迟早都会发光。在我 2016 届的班里，有一个女孩就是这样一个人。军训时我只知道她的名字，开学后她被分到了英语 B 班，不在我教的 A 班，所以我对她知之甚少。七年级第一次运动会上，中午我们一起在操场上吃盒饭，正吃着，我的盒饭被另一名同学撞翻撒了一地，这时正在我旁边吃饭的她二话没说，用手里的纸巾把我撒的饭抓到了垃圾桶里。运动会快结束时，上一届的学生来找我叙旧，我没有及时安排学生打扫班级所在地的卫生，又是她带着几个同学把我们班所在的地方打扫得干干净净。我当时就有一个想法：她以后肯定是一个重要的班委。后来的事实确实也证明了这一点：她学习成绩优异，工作认真负责，能够和同学打成一片，引领班级进入积极状态。

如何培养班委

1. 定位班委思想

我做人的原则是这样的：对待你的长辈和上级要敬重，对待同事要友好，对待自己的学生要爱护。这几条原则我觉得很受用，我也把这几条做人的原则教给了我班的班委。这几条原则放到班委身上就是用什么样的态度对待师长、其他班委和班里的同学。班委是服务者，不是"领导"，管理时要站在关心他人的角度。我班班

委在这方面做得很好，所以我班的班委在其他活动选举中得票率普遍很高，班里投票选举的首批团员基本都是班委。

2. 处处锻炼班委

班委一旦确定，我会告知他们各自的职责。要求班委时刻想着自己负责的工作并随时准备上岗。班委的地位需要时刻"保鲜"，他们需要做一些普通学生难以做到的事情让大家信服。每日小结、每周班会、每学期家长会，升旗、诗歌朗诵、文化艺术节、运动会甚至课堂发言等让班委积极参与并发挥带头作用，在各类活动中锻炼他们，提升他们的管理能力。

3. 维护班委形象

人非圣贤，班委也会犯错。班委犯错会给其他学生犯错留下借口，而班主任又不能姑息班委犯错，所以得巧妙处理。如对未刷卡班委的处理，我是这样做的：先把未刷卡班委单独叫出来，告知他今日未刷卡，这样做不符合他的身份，因为越是班委，越需要严格要求自己。我诚恳地跟班委交流："现在事情发生了，我却不能在班里批评你，因为你的形象在同学们心中是美好的，我得帮你们维护，下次不允许这样的事情发生。"这时候，班委会心存感激，更加尽力地为班级工作。

4. 做好示范带头作用

我先给班委做好示范，让他们观察班主任是如何管理班级和处理事情的。然后要求班委在班里做好示范，纪律上、卫生上、学习上都是这样。有一段时间班里早读声音不够响亮，我于是召开班委会，教给他们"身教胜于言传"的道理。他们到班后，立即开始大声朗读，其他同学看到后，也逐渐加入到大声朗读的队伍中去，这比在班里讲道理好得多。每次班里发生什么事情，我会从我个人方面找原因。比如学生刚开始扫地只扫过道，我就总结说因为我没有交代扫地如何扫，所以大家做得不好。有时副科作业收得很少，甚至只有一半人交作业，课代表就抱怨班里的同学。我就说这么多人不交作业绝对不是同学的原因，肯定是课代表的问题，比如没有告知同学今天要收这项作业。所以现在班委去小结班里的问题时，开头基本都是今天因为我哪里做得不够好，班上出现了这种情况，我以后会怎么做，建议大家以后怎

样之类的话，长期下来，班干部的威望可想而知。

最后但同样重要的是，要坚持到底。好的班委需要班主任不断地指导和监督，班委对班规的贯彻执行也需要持之以恒。管理班级就如我们的日常生活，总会有乌云遮天的时候，也会有云开雾散的一天。只要我们按照自己理想的道路走下去，我们的班集体一定会越来越好！

班级管理中的四个关键词

李艳萍

如果一个优秀的班集体是一首旋律优美的歌，那么班主任就是这首歌的总指挥。班主任的工作就是把握集体的总方向、总方针，把班级工作做实、做细，使歌曲不仅有优美的旋律，还有充沛的情感。把握好以下几个关键词，对做好班级管理工作大有裨益。

一、尊重

1. 尊重家长

接手班级后的第一次家长会上，我就给家长说清楚了家校沟通的原则：家长不要以自己在社会上的职务来压制老师。作为老师，也要摒弃教师本位的心理，与家长平等沟通、交流，了解家长对孩子教育的需求，达到共同的教育目的。这样会减少很多家校矛盾，形成家校合力。

2. 尊重学生

我们要蹲下身，与学生进行交流，真正地尊重和关心学生。有专家曾说，班主任工作做得越久，教师本位的心理就会越严重。那么，克服它的最好办法，就是心理置换，站在学生的角度看问题。

与学生"共情"是解决学生问题、帮助学生走出困惑的好办法。举个简单的例子：学校仪容仪表检查，发现有个学生指甲长，被政教处记录。学生因此很愧疚，担心因自己个人原因影响班级。假如你是班主任，此时的你会怎么办？是批评一顿吗？办法很简单，那就是笑着安慰他并帮他剪指甲。相信该学生以后不会再犯类似的错

误了。

3. 尊重集体的意愿

班主任要有民主意识，尊重和信任学生。班里面的大小事务要与学生进行讨论，然后集中决策，让学生感觉到自己是班级的主人。这样学生会有强烈的集体荣誉感，对班级的事务也会更热心。例如，制定班规时，先让学生集体讨论，然后决策，最后公布执行。事事与学生讨论，倾听学生的心声，集中学生的智慧，激发学生的主人翁意识，管理班级时才会更得心应手。

4. 自尊

"学高为师，身正为范。"教师要求学生做到的，自己也要做到，身体力行，言传身教。每一次大型考试前，各班都会布置考场。这时候，我一定亲自参与，其目的不是监督学生，而是我觉得与学生一起劳动是一件快乐的事情。我要将这种快乐的情绪传递给学生，从学生敬佩的目光中我读到了尊重。再如：不因家庭背景、学习成绩等去歧视学生或给某个学生特权，不在有权势的家长面前卑躬屈膝，等等。这也是教师职业自尊的表现。正如作家吴非所说，想要学生成为站直的人，教师就不能跪着教书！

二、放权

班干部是班主任的左膀右臂。班主任必须培养一批正直、大气、勇于担当的班干部，并通过充分放权以激发班干部的活力，这样班主任才能从琐碎的班级事务中解放出来，去把握全局，思考班级的发展方向。

七、八年级时，一定要定时对班委进行培训。培训的内容如下：反思自己工作做得好的地方和失误的地方。想一想：怎么处理效果更好？当时有没有去弥补工作上的失误？以后再出现工作失误，如何及时补救？通过这样的培训，提升了班干部的工作能力，特别是应急能力。这些学生接受一个学期培训后，基本上都能把本职工作做得很好。这样，到九年级的时候，班主任就可以有更多的时间对每个孩子的个性化成长、对班级的长远发展进行有高度、有深度的思考。

三、"三心"

1. 耐心

给学生犯错的机会就是给学生成长的机会。我允许学生犯一次错误，但是不希望学生同样的错误犯第二次。世上没有十全十美的人，也没有从不犯错的学生，班主任要给学生犯错的机会和改正的机会。

2. 细心

跟班与陪伴是一种笨办法，但关键时候有奇效。例如，九年级的体育课和实验课的跟班。我会提前熟悉一两个实验的内容，在实验课的时候对学生进行具体的指导。学生知道班主任在认真地陪他们一起做实验，自然会更加用心。体育课也是如此，有班主任的"陪跑"，学生自然锻炼得更有劲。

3. 爱心

严中有爱，学生才会听你的教导。爱须是大爱，要无一遗漏地爱每一个学生。每个班级都会有学困生，我们对学困生的态度如何，会影响孩子三年乃至一生的发展。当班主任二十多年来，我遇到过很多学困生，他们成绩不理想的原因大多不同：有的是习惯问题，有的是基础问题……但我对这些学生从来没有放弃过，也没有嫌弃过。我会与家长耐心地沟通，一起分析孩子学习困难的原因，然后提出合理的建议，让家长知道我是真正为孩子的成长着想。所以我提的任何要求他们都不会反感，还会心存感激。后来很多家长评价我带的班级没有"差生"。这是我、家长、孩子一起努力的结果。

四、读书

多读书，读好书，常思考。作为班主任，我们只有多读书，才能学到更多班主任管理的理论知识，并结合自己班级的实际情况，多摸索，进而转化为自己班级的管理经验。

我们既要读"有字书"，也要读"无字书"。"有字书"就是班主任理论方面的书。我当班主任期间，每年都会订一些班主任管理班级方面的期刊，里面有很多

班级管理经验可以借鉴。提醒大家，是"借鉴"而不是"模仿"。"借鉴"——把书中的经验和自己的班情相结合，灵活转化；"模仿"——忽视班情，生搬硬套，反而会弄巧成拙。而"无字书"，就是身边老班主任的一些工作经验。没事的时候，可以和他们多聊天，了解其管理班级的经验，然后再总结规律，为自己所用。

　　班主任是最小的"主任"，却担负着育人的大责任。做一个勤学习、善思考的班主任，不断总结、改进，用爱心和智慧培育出一批批有用之才，功莫大焉！

成长不容易，家校齐助力

马　利

我与这个孩子的故事还要从两年前说起。记得当时我作为监考老师参加七年级分班考试，在考场中碰到了这样一个学生：考试期间，他无法按照老师要求坐端正，总是不举手就随意发言，多次要求去卫生间。他在考试期间频繁的"表现"，使我不由心生感慨：这孩子不好管，分到谁的班里谁头疼。但这个世界上很多的缘分往往是注定的，分班考试结束后不久，我成为七年级的班主任，在迎新生入班时，看到了他那熟悉的身影。

如先前所料，这是一个"挺麻烦"的学生。他总是在课堂上插话，引得老师烦恼，桌上以及周围遍布纸团，个人卫生不达标，自习课纪律差，还爱犟嘴和狡辩，惹得班委恼火，让管寝室的老师哭笑不得。总之，开学后没过多久，他身上的一些行为和思想问题基本都暴露出来了。总结起来，就是心理年龄偏幼稚一点，正确认知欠缺一点，自制力差一点。但对于这个学生的"一点"又"一点"，如果处理稍有不当，很容易辐射到多个学生，成为"多点"，以致影响整个班级的良性发展。

解决问题的第一步需要端正态度。

通过学习前辈和优秀班主任的管理经验，也基于自己的实践总结，我认识到班主任的管理重在研究和预防。要研究是因为学生是发展中的个体，基于充分了解后制定的措施实施起来才更有效。要预防是因为根据经验，有些事可以事前提醒，以避免不必要的麻烦。

秉承积极的心态，寻找问题的成因、解决的方法，用自己的教育管理智慧，使学生尽可能地向善、向美、向好发展。有了坚定的教育目标，教育的脚步才更加坚实有力量。

心态端正、目标明确后，我首先做的是关注班级的管理，先抓主要矛盾，希望通过整体带动和影响局部。七年级最重要的任务是帮助学生适应初中的学习与生活，立规上路。所以在班级整体构建上，我遵循民主立规、清晰示规、知行合一的顺序。通过跟班监督、支持班规的运行，一段时间后，力求大部分学生都能够做到且做好每日常规，使班级各项事务有序进行，班级整体情况稳定。

接下来，就将重点放在个性问题的解决上。

由于该生是住校生，在校时间长，他的改变更有赖于老师对他的教育和帮助。所以我的做法主要体现在：心理上，做好与他打"持久战"的准备，不妄想一劳永逸；方法上，和他一起设置科学合理、循序渐进的德育目标；师生关系构建上，不做应激下的决定，不说攻击性的话，不频繁教育。遇到问题重视沟通，以摆事实、讲道理的劝说为主；重视用真实、感人的事例激励他；和他一起建立成长档案，记录他的进步与成长，便于老师及时鼓励与促进，也便于他自省与改进。

班主任的做法是先导。只要老师有真诚的爱生之心，学生一定能感知到，也一定会传递到家长那里。这样，家校之间会建立起一座健康的沟通桥梁。

中国少年儿童新闻出版总社首席教育专家卢勤在书中说："世界上没有什么教育，比身教更有效的了。……孩子们都是看着父母的脊背长大的。"托尔斯泰说："全部教育，或者说千分之九百九十九的教育都归结到榜样的作用上，归结到家长自己的端正和完善上。"

教育需要家校合力。对于学生来说，只有学校的管理而没有家长配合的教育是割裂的。于是在开学两个月后，我对该生进行了第一次家访。

通过与家长的电话沟通与实际家访，我逐渐了解到一些情况，找出了该生生活和学习习惯养成出现问题的根源。该生由爷爷奶奶带大，爷爷奶奶对其娇纵过多，管理较少。

通过家访，家长明白了老师对孩子的关爱。虽然孩子顽皮、习惯差，但因为老师的关注和帮助，家长比以往更加用心去陪伴孩子成长。关于孩子的教育问题，我给出了具体的建议，与他们共同商讨了现阶段应该共同关注的重点和努力的方向。家长深表认同，也确实在事后调整了一些做法，增加了对孩子的陪伴和管理，尤其是忙碌的父亲更多地参与到了孩子的教育之中。父母双方也更加支持和理解班级工作，在之后的学习生活中，孩子的父亲经常打电话询问孩子的在校情况，真诚地与老师沟通困惑，对老师提出的方法和建议欣然接受并坚决执行。

通过以上做法逐渐构建起了较为和谐的师生关系，该生的行为和思想问题得到大大改善，也基本告别了之前对于规则置若罔闻的行为，开始向主动作为、勇挑重担积极迈进。

回想对这个学生的教育日常，我付出了诸多心血，由是感慨系之。初中生活虽只有短短三年，但却是学生世界观、人生观、价值观形成的关键时期，德育是智育的基石，这是班主任和各科老师需要承担的重任。孩子成长不易，尤其是到了青春期，相信家校密切配合，同心协力，定能共育英才！

班主任与家长沟通的"诀窍"

任巧凤

我当班主任有三十多年了,从没有和家长产生过任何冲突,总结最关键的一点,那就是——换位思考!设身处地从对方的视角看待问题,好多问题就都能理解了。

我和家长沟通,特别注意以下几个方面:

一、用家长的心态和家长交流

和不同的学生家长沟通,班主任要采取不同的交流方式。和优秀孩子的家长交流,要把功劳多归于孩子自己的努力和背后家长的付出,这样,家长也能欣然接受老师对孩子的更高要求。而和出了问题的孩子家长交流,我从来不会用告状和抱怨的语气。遇到任何问题,我都会想:如果是我的孩子,此刻我会是什么样的心情?我会希望怎样解决问题?孩子出了问题,老师生气,家长更痛心。想想,如果是我们自己的孩子出了问题,当家长的我们会是一种什么心理?内心的担忧和苦闷恐怕会比老师多好多倍!这时候,任何有利于孩子的话甚至都能成为家长的"救命稻草";若劈头听到孩子一堆的不是,那么家长即使表面上点头称是,内心该是多么崩溃!

站在家长的角度考虑,真诚地和家长交流,指出孩子的问题,更要放大孩子身上的闪光点,让家长看到光明和希望。之后,冷静下来的家长就会好好配合老师,和老师拧成一股绳,一起商量教育孩子的办法,当然也就不会在冲动之下做出不理智的事情。老师和家长换位思考,互相配合,互相支持,形成教育的合力,教育就会轻松、愉快。这，不正是我们想要的结果吗？

二、用真心的爱护赢得学生的爱戴，进而得到家长的拥护

我爱学生，这种爱是发自内心的。家长把孩子送到学校，孩子寄托了家长全部的希望。孩子在你的班，作为班主任，可以说家长把对孩子的所有期待都寄托在你的身上，这样说真的不夸张。

老师对孩子的态度也决定了家长对老师的态度。尤其是一些"问题学生""学困生"，他们比一般学生更敏感，他们家长的心态也会和学优生家长不太一样。而这部分学生其实往往会耗费班主任更多的精力，是班级稳定的关键。我们仍然需要换位思考，想想这时候学生的心理，班主任若一味地批评训斥或者不正眼瞧他们，学生本就脆弱的心理，又该是多么难受和自卑。如果这是我们自己的孩子，我们会希望老师怎么做呢？班主任真诚地对待每一个孩子，孩子能感受到，家长也能感受到。

爱学生不是口头说说，而是应该表现在对待每一个学生的细节上。从跟学生说话的语气、态度，甚至看他的眼神上，学生都能感受到你是否真心地在爱护他。

我曾经遇到过一个有心理疾病的学生。有一次，家长告诉我，当家长强行把孩子送到学校时，孩子就躲在地下车库，就是不想进教室。我找到该生，紧紧地把他抱在怀里，和他一起流泪，哭得不能自已；对他说他没有错，不用害怕，告诉他老师心里很难受，很心疼。孩子不想进教室，我就默默地陪他坐着……等进了教室，我跟同学们解释，说他请假去学习其他课程了。后来，我和他妈妈一起带他看心理医生，通过心理医生的疏导和药物治疗，孩子终于走出来了。对此，孩子妈妈也是非常感激。每到毕业分别时，总有学生抱着我，哭得稀里哗啦，说不知道以后还会不会遇到和"任妈"一样真正爱护他们、不嫌弃他们的老师了。这，不就是做教师最幸福的时刻吗？你真心地去爱护学生，作为家长，他们怎能不感激并拥护你这样的班主任呢？

三、用专长指导家长，做家长信任和尊重的班主任

家长最关心的其实是孩子的学习，然而很多家长却不知如何帮助孩子。来找班主任交流时，要么说给孩子报了多少课外补习班，要么干脆沮丧地承认自己不懂教

育，对孩子的学习无能为力。这个时候，老师依然需要换位思考，做好听众，先听家长把苦水倒出，当家长说到无能为力时，就需要老师解惑了。老师应该发挥自身专业优势，利用对学生的了解以及自身掌握的教育理念、教育方法等为家长出谋划策。

作为班主任，除了要掌握学生的思想情况，还要经常和任课老师沟通，了解班上每个学生的学情，并从任课老师处得到该学科的专业指导方法，再综合每个学生的具体情况，制订出有针对性的方案和措施，帮助学生取得进步，从而赢得家长的信任和尊重。

总之，只有做个真正有爱的班主任，真正把学生当成自己的孩子，才能做到家校合一，不但赢得学生的爱戴，也赢得家长的尊重和拥护。我从教三十五年有余，担任班主任也三十年有余，虽然辛苦但是很快乐，是很多学生口中的"任妈"。

桃李满天下，"任妈"很骄傲！

学生常见心理问题应对技巧

侯慧丽

把握初中学生心理，及时发现并解决他们青春懵懂期的心理问题是对班主任工作的一个挑战。作为班主任，一定要善于观察，了解学生种种"奇特"行为背后的原因，并针对具体情况对症下"药"。

一、关注与认可

七年级学生刚入校时，思想单纯，对考试成绩或别人的看法没有过多考虑。但随着考试越来越多，有些在小学时备受关注的学生没有太多的优越感了，成绩也不再有优势，这些学生心理上容易出现失衡，就可能会做出一些违反校规校纪的行为。此时，他们最需要老师的关注与认可，尤其是那些心理比较脆弱的学生，班主任的关注与认可会提升他们的信心，从而帮助他们走出迷惘。

黄同学是我们班的体育委员，不论是运动会还是平时的体育课，他都很负责，不仅仅是因为喜欢体育，更重要的是，他觉得在体育课上最有成就感，能帮他找到自信。七年级时，他的文化课成绩总体还不错，只是有些偏科；八年级时成绩大幅度下滑，于是他开始上课不听讲、睡觉，自习课说话，顶撞老师，甚至还做出过激行为——离校出走，幸好被我及时发现。经过沟通得知，他觉得自己不是学习的料，所以就自暴自弃，想中途辍学。这件事情给我敲响了警钟，作为班主任，一定要细心观察，用心了解学生过激行为背后的原因。和该生家长沟通了解到，他小学时一直是老师关注的对象，自尊心较强，老师越当众批评他，他就越不好好表现。了解了这个情况后，

我就和其他任课老师沟通，建议老师在课堂上多关注这个孩子，如果他有好的表现就对他进行表扬。此外，我把他的座位调到了最前面，让他觉得老师在关注他，这给了他信心，在班里也慢慢有了存在感。渐渐地，他在课堂上注意听讲了，并且每次上课前主动当老师的小帮手，擦黑板、拍图片、整理书架等。一个人只要认识到自己的价值，且得到关注和认可，内心就会逐渐阳光起来，就不会那么敏感多疑了。现在，尽管他的学习成绩依然不太理想，但他没有放弃努力。只要有关于体育方面的事情，我都先问他怎么办。他觉得老师很重视他，做任何事情都义无反顾，同学们只要有事，他总是很积极地去帮忙。他成了我们班的"活雷锋"。

这个孩子的经历让我再次认识到：每一个孩子都有自己的优点，我们千万不能只盯着分数。只要用心去观察、多关注，给予鼓励与认可，成绩差的孩子也会有出彩的时候。

二、爱心与真情

作为老师，必须要有爱心。当老师用真情去温暖学生，用实意去感化学生时，我相信绝大多数学生的心是可以被融化、被感染的。

记得有一年大年初一，我很惊讶地接到了游同学打来的电话。回想她的变化过程，我感到十分欣慰。七年级刚开学时，她是班里最难管的学生之一：经常奇装异服，与男同学没有边界感，对于老师的要求置之不理。我曾经苦恼过，不知该从哪些方面入手与她进行沟通。通过班里其他同学，我了解到她父母在外地工作，她的内心缺少关爱。于是我从生活的点滴关心她，比如，她的衣服穿得不够得体，我会告诉她："孩子，这样穿容易着凉啊，而且上体育课也不方便。"起初，她有些反感，甚至敌对，但久而久之，她理解了我的良苦用心，并逐渐接受了我的关爱。看到她一天天的变化，我觉得这是一名老师最幸福的时刻。作为老师，不仅仅要传授知识给学生，更重要的是给他们爱，让他们在成长过程中体会到温暖与被爱。当他们的内心变得更强大时，相信一定能给这个世界带来温暖。

三、"一班两制"

为了督促学生能够有效利用周末时间，我们班规定：周一早上正课开始前各科作业要收齐。但我们班有两个"特殊人物"。由于完不成作业，害怕周一被老师批评，所以他们俩经常周一不返校。起初我不了解情况，而家长也总是说孩子身体不舒服。我想，怎么总是周一不舒服呢？通过与家长沟通，我了解到这两个孩子曾经都是心理上有问题的孩子，不敢面对学习中的困难与挫折。此时，我的内心有些纠结：如果我还按照对班级其他学生的要求，这两个孩子可能会继续休学或者经常请假。如果一个学生不能持续在校学习，学的知识不系统，怎么能保证成绩的提高呢？他怎么能够体会到学习的乐趣呢？其中一个学生在休学之前，曾经是班里成绩比较优秀的学生，如果他看不到成绩的提高，还会不会出现以往的问题？考虑到此，我决定对这两个孩子"特殊照顾"：周一他们只要能正常到校上课，作业能完成多少就交多少，课代表和任课老师不必强求他们完成作业。有了这个"特殊政策"后，这两个学生周一请假的次数越来越少，最后都能按时到校了。我发现其中一个孩子很喜欢唱歌，于是只要有机会，我就邀请他在同学们面前展示才艺，这提高了他的自信心。同学们也对他有了好感，在学习上经常帮助他。后来他不仅能按时完成作业，成绩也得到了很大提高。当他感受到在班里的存在感与归属感时，再也不排斥上学了。当每天进班看到他求知的眼神和自信的笑容时，我的内心充满了自豪感与成就感，因为我知道，在我拉这个孩子走出思想的困境时，也挽救了一个家庭。

我非常认同彼得·德鲁克的理念，管理的艺术就在于激发和唤醒每一个人的内在潜能。管理不是控制，而是释放。好的管理是释放人性中本来就有的善意，尽最大可能唤醒每个人的内在潜能。青春期的中学生思想活跃，感情丰富，极易产生心理问题，但只要我们站到学生的立场上，以心换心，对症下"药"，最后一定会"药"到病除！

营造和谐班风，助力成功人生

李平波

这个学期，我带领着八（11）班走进九年级，成为九（11）班。这不是一个简单的班级名称的变化，它意味着一种成长、一份责任和一次远航的启程。在这个即将毕业的学年里，回首过往，我为11班这个温暖的集体感到欣慰与骄傲。如果说有一点所谓经验的话，我觉得，营造温馨和谐的班风是班集体一切工作的基础，也因而能助力学生持续进步，成就人生。为此，我主要从以下几方面入手开展工作。

一、营造一种家庭式的和谐班级氛围，让班级充满凝聚力

师爱是一种高尚的情感，在教育中发挥着重要的作用。"没有爱就没有教育""爱是打开学生心灵的钥匙"，这是每一个班主任都熟知的道理。"亲其师，信其道"，班主任爱护和关心学生，学生就乐于接受他的教育和管理。我充分利用各种机会与学生接触、交往：课余、饭后找他们谈天说地，交流兴趣与爱好；他们生活上遇到困难时，我尽全力帮助解决；他们思想上懵懂困惑时，我循循善诱，谈心开导。同时与家长保持联系，取得家长的密切配合。在老师、家长和学生的共同努力下，曾经的浮躁与迷茫很快被毕业年级应有的沉稳与进取所取代，全体学生迅速进入状态并开始安心学习。

班主任还要积极参与学生的各种活动，既做组织者，又做普通一员，让学生感到班主任不但"可敬"而且"可亲"。在初中最后一次校运动会上，我和同学们一起训练，一起写广播稿，一起哭一起笑，一起为运动员们呐喊助威。虽然腿疼了，手累了，嗓子哑了，但师生情、同学情加深了，11班更像一家人了。对越来越少的共聚时光的珍惜，让每一个班级成员更爱自己的"家"，班集体的凝聚力也更强了。

二、制定一套人性化的班级管理制度，让班级管理充满人情味

俗话说得好："没有规矩，不成方圆。"班风正，学风盛。班规是对学生不良行为的约束和纠正，有助于营造班级正气。但对于正处青春叛逆期的初中学生来说，利用通常的硬性规则和强制手段迫使他们遵守，则往往会适得其反。我的做法是：多设奖励条款，减少惩罚手段，如班级量化考核中多加分少扣分，能充分调动学生的积极性，学生往往会为了弥补自己的扣分而积极做好本职工作甚至是额外工作。"人无完人"，犯错误是成长的一部分，我们应该允许学生犯错。班规的制定无须面面俱到，要以不影响学生的个性发展、不伤害学生的自尊为原则。学生初次犯错后，不要当即处罚，可先提醒后警告，或罚以表演娱乐节目等。

说到底，班规不是以惩罚学生为目的，而是为学生的健康成长、为班级的和谐发展服务的。人性化的班级管理制度，在让班级充满人情味的同时，也将人性的光辉投射到每一个学生的心底，并陪伴他们成就幸福人生。

三、建立一支多岗位的班干部队伍，使班级大家庭运转流畅

初中的孩子较为单纯，有着强烈的表现欲望，都希望在参与班级管理时大展身手。如果权力集中在几个学生手中，既不利于培养全体学生的自尊心和自信心，又不利于营造学生自我教育、自我管理的良好氛围。我的做法是：岗位多设置，尽量不兼职。实行班级工作"分权"制度，班干部、课代表、小组长、各级各类管理员各司其职、分工协作，相互制约又相互补台，力争做到事事有人管，事事有人做，使班级工作更加有序。当然，选出的这些学生干部毕竟不是完人，对他们不能苛求、指责，特别是在工作出现失误的时候，要让班干部在改正的过程中积累工作经验，提升管理能力。定期对班干部的工作方法进行培训指导，讲解各部门的工作要点，组织他们学会制订计划和具体措施；定期召开班干部会议，检查工作落实情况，总结得失，不断提升。但若班干部有损害班级利益、破坏班级良好班风的行为，则要

由班主任和班委会给予批评，并召开班级民主评议会，由全体同学决定任免。

严中有爱的班干部奖惩措施，人人参与的班干部评议任免制度，促成了一支既有管理能力又有服务意识的班干部队伍，使班级这个大家庭可持续地健康运转，也使每个班级成员都得以在锻炼中更好地成长。

四、培养乐观自信的班级气质，共同适应紧张的九年级学习生活

九年级开学之初，很多学生因为跟不上学习进度，出现"消化不良"或"欠债"的现象，严重的还产生了厌学心理，导致恶性循环。我主张学生在自我暗示中培养自信。自我暗示有一种神奇的威力，它能控制并指导人的行为，使之按预想的目标活动。例如，当一个人心情沮丧时，反复在心里默念"我精神抖擞，心情愉快"，可以帮助他从不良情绪中摆脱出来。所以，经常让学生在心里郑重其事地默念一些暗示语，比如"我一定能学好化学""我的语文成绩越来越好"，考前默念"这次考试我一定能行"等，对学生自信心的培养和提升产生意想不到的效果。

为了达到见贤思齐、择善而从的学习效果，我还邀请了几位优秀的往届毕业生来到班上分享经验，介绍他们是怎样较快适应九年级学习生活的。老生的现身说法，大大提升了学生面对毕业班学习和生活的抗压能力。同时我还请任课老师给学生讲解各科学习经验，使学生对毕业学年的听课与练习、新课与复习的关系以及未来一学期的整体规划有更清晰的认识，消除恐惧与慌乱心理，以乐观自信的态度迎接中考。

"所谓大学者，非谓有大楼之谓也，有大师之谓也。"我认为，初中教育的宗旨，也该有"大学"格局，要有为未来培养"大师"的远见，而大师气质的养成，必是在自由、和谐、民主的氛围中。因此，营造和谐班风、和谐校风，给学生一个和谐的成长空间，才能助力他们拥有真正成功的人生，这也是教育的真义。

放眼全局,做好三年整体规划

潘春华

忆过往,脑海中闪现曾共事过的许多优秀班主任,非常感谢他们给我的帮助。其中令我收获颇深的,是他们在班级管理中所表现出的敬业精神及理性管理。我将这种精神和管理智慧融入自己的班级管理之中,受益匪浅。

"凡事预则立,不预则废。"在接班之初我就在思考,这三年大体要怎么带这个班呢?总结起来即放眼全局,针对阶段特点合理规划;顺势而为,把握学生心理有的放矢。简单说就是——七年级打管理基础,八年级形成稳定局面,九年级激发斗志走向中招。

抓班委,强管理,夯基石

七年级时,我重点做了两件事:一是建立有力的班委,二是形成良好的班级管理理念。

俗话说:"火车跑得快,全靠车头带。"要想培养一个自我管理型的优秀班集体,首先要建立一个强大的班委。班委的组织、思想建设,成为班级工作的重点之一。

新学期一开始,我就通过各种活动(如新生军训、自我介绍、卫生清洁、课堂小测等)暗中观察了解班级的每一个学生。然后在广泛听取学生和家长的意见后,通过竞选的方式民主选举了一批正义感强、关心集体、团结同学、积极热情、办事认真、愿意为同学服务、有一定组织能力和特长的学生担任了班委。由于是竞争上岗,

所以班干部参与班级管理的主动性和积极性特别高，责任感和荣誉感也特别强。这都有利于班级管理的进一步深化，顺利实现班级的管理目标和发展目标。

班级是学生在校学习的主要场所，班级管理水平的高低、管理情况的好坏，关系到学生能否全面发展以及各项工作特别是教学工作能否顺利开展。因此，班级日常管理应当抓的是班干部管理。当然，光靠班干部的正义感和满腔热情是无法有效地进行班级管理的，作为一名班主任，还要善于培养班干部。因此不断地对班委进行动员、教育，让他们认识到担任班委的意义与责任，并从学习上、生活上提出具体的要求，同时要有一个完善的班级管理制度，保证班级工作有据可依、有章可循。

因此，在班委正式成立之后，班委又召集全班同学结合学校管理规定和班级实际情况商讨制定了一份《班级量化管理办法》，还让同学们列出了今后违反班规后的处理办法（可执行性很重要）。同时明确指出，办法一经公布，每一个班级成员都必须遵守，一旦违反将会受到惩罚。

过后，召开了班干部会议，让每一位班干部在就职前充分明确自己今后的职责、管理的范围、评价的方式和方法，还具体商讨了行之有效的处理事件的方法。会议结束之后，形成了《班干部工作细则》。自此，《班级量化管理办法》加《班干部工作细则》就组成了班级的具体管理制度。由于办法是学生自己定的，班干部是学生自己选的，细则是班干部自己写的，所以他们真的能做到"有错愿罚，有错能改"。

事实也证明，学生才是学生问题的专家。

树典型，防分化，稳局面

八年级时，我重点做了两件事：一是促进学优生发展，形成强势领跑；二是防两极分化，争取家长群体的有力支持。

"七年级不分上下，八年级两极分化，九年级一决上下。"这句顺口溜是对初中三年学习轨迹的真实写照。八年级是整个初中阶段的关键，历年事实证明：八年级不但是承上启下的一年，而且是整个初中学习的分水岭。进入八年级，由于学生

对学习环境的熟悉，他们会放松对学习的要求。而八年级课程内容难度明显增大，在此情况下很多学生开始"停滞不前"，甚至是"只下不上"。再加上八年级新增物理等学科，需要学习更多新知识，课业加重，造成成绩急剧分化。综合来看，对于大部分学生来说，八年级上学期是一个门槛，而八年级下学期则是一道鸿沟。学优生存在的问题是，学习有自满情绪，对自己不能高标准严要求，学会后无事可做；自我管理意识不强，仅能完成老师的要求，没有制订自己的学习计划；集体主义观念不强，没有互助精神；等等。

我在促进学优生发展形成强势领跑时的具体办法是：用数据说话，一分之差，千人已过，调高目标；在课堂上给学优生发言的机会，开展"一帮一"活动，让学优生有讲题的机会，使这部分学生不仅会，还能讲，并在活动中体会总结的重要性；请制订有详细计划的学生介绍经验，并在学习中互相监督。

而在防止两极分化这件事情上，最重要的就是争取家长群体的有力支持，理性与家长沟通。沟通时，要注意以下几点：尊重学生家长；多用事实说话，从班委或周围同学反映孩子的情况来说；多给出方法指导、解决建议，甚至是具体做法步骤等。

在理性沟通的基础上，尽力争取家长的有力支持，有了他们的支持与帮助，多数学生的状况会有所改善。

惜时间，高效率，冲中招

九年级时，我重点做了两件事：一是分阶段主动对学生的心理问题进行干预，二是和任课老师形成合力帮助学生提高学习效率。

歌德说过，我们越接近目标，困难就越多。进入九年级，学生处在人生的十字路口，成绩分化十分严重，思想极为复杂。不同阶段，学生的表现不同，有得过且过混毕业的，也有努力拼搏的。第一阶段为9月到12月，绝大多数学生没有时间观念，以为刚开学一年的时间还长着呢；第二阶段为12月到次年的4月，随着时间的推移，部分学生会产生焦虑情绪，尤其是中等成绩以上学生；第三阶段为次年的4月到6月，部分学生高枕无忧，而另一部分学生则比较绝望。

我们的思想工作和心理干预工作会根据不同的时期，从不同的角度，运用不同的谈话方式进行，以期预防学生出现阶段性问题。可以采取召开主题班会，分层分类小型会谈，各个攻心各个击破的方式。在做学生思想工作时，要预见到学生思想工作的复杂性和反复性，做好打"持久战"的准备。

而在惜时高效这件事情上，最重要的就是团结各位任课老师。影响学习效率的因素大致有三类：第一类是心理因素，部分学生产生紧张、焦虑、自卑、灰心等心理问题；第二类是学习方法不对，出现抄作业、作业不及时上交、错误不及时订正等现象；第三类是违背学习规律，教材没有弄懂就去写作业、钻研偏难和偏怪的题，属于无效学习。其中第二类和第三类因素必须在各位任课老师的大力支持下才能解决。当任课老师与学生发生矛盾时，要力求既维护任课老师的威信，又使学生心悦诚服；当任课老师对学生提出合理要求时，要坚决支持；当学生对任课老师提出带有普遍性的教学意见时，要如实且又有策略地反映给该任课老师；等等。有了强大的教育合力，班级必将向和谐的方向发展。

总之，让每个学生都获得良好的发展是每位班主任的愿望，把愿望变成现实，需要付出艰辛的劳动、大量的时间和精力。多年后，当学生回忆他学生时代的生活时，在谈及他自己成长的过程时，仍能抱着怀念和崇敬的心情来忆及他的班主任，对于我来说，已经心满意足了。我坚信"一分耕耘，一分收获"，只要我们用心去做，实实在在地去做，肯定会经营好一个班级。

浅谈如何增强班级凝聚力

王婷婷

黄建来老师教育学生时曾说过，打碎一个你，揉烂一个我，我们70个人要塑造一个全新的集体。这句话对我的触动很大，我把这句话也拿来与全班学生分享，同学们听了很感动。班集体是学生成长过程中一个重要的组成部分，实践证明，良好的班集体会激励学生不断进取，主动、健康地成长，能使得学生更加积极、轻松、充满激情地投入学习、生活当中去。我认为，要把一个班级搞活，心要往一处想，劲要往一处使，建立一个具有很强凝聚力的班集体，班主任必须付出相当的努力。

一、班主任应对学生有爱

班主任对学生的爱是增强班级凝聚力的催化剂。

入学军训时，天气非常炎热，学生训练十分艰苦。看到他们又累又热的样子，我非常心疼，在他们训练时，我帮他们打热水喝。每次手里拎着七八个水杯往开水房跑，往返十几趟，自己也没时间喝水。由于和学生还不太熟悉，他们并没有直接表达谢意。但是休息时朝我递过来的水杯，可爱的笑脸，日记中感动的话语，更加认真刻苦训练，无不体现出学生对爱的回馈。

所以，作为一"家"之长，班主任要做到关心班集体，爱护这一家庭中的每一位成员。这种爱，是真正地发自内心地关心他们，能使他们感受到老师真心的爱护，体会到大家庭的温暖，从而使班集体真正成为团结向上、充满温暖、充满爱意的集体，有极强凝聚力的集体。

元旦前夕，我无意从一个家长口中得知班干部要求每个同学交2元钱，而且还要瞒着班主任。刚听到这件事时我非常生气，心想什么事还要瞒着我，难道他们要做一些很过分的事？我准备严厉地批评他们，就在等班干部来办公室的时候，我冷静地想了想，这些学生平时还是很懂事的，相信他们不会做很过分的事。我改变了原来的想法，开玩笑似的问："听说你们有事瞒着我？"学生听到后既惊讶又有些不好意思地说："老师您怎么知道的？是谁告的密？""那你们能不能让我也分享这个秘密呢？"我说。"其实也没什么，就是觉得新年到了，您为我们辛辛苦苦忙了一个学期，想给您买个小礼物，到时给您一个惊喜，没想到您已经知道了。"听到这话我心里很感动，也很不是滋味，我差点儿冤枉了他们，辜负了他们的心意。我赶忙说："有你们这句话就够啦，老师非常感动。不要给我买什么礼物了，你们取得的好成绩就是给我最好的礼物！"学生笑了，笑得那样纯真。通过这件事我深刻体会到，班主任必须尊重学生，而尊重学生要以信任学生和理解学生为前提，能将学生当成一个平等的对象来看待。这样，学生就会觉得在这个集体中有温暖、有希望，从而更加热爱这个集体。班主任与学生之间有了真情，有了关爱，我想没比这更具有凝聚力的了。

二、建立一支强有力的班干部队伍

要选有能力且在学生中有威望的人做班干部，好的班干部是班主任的左膀右臂。如果有的学生不愿当班干部，绝对不要勉强，强扭的瓜不甜。班干部定下来，就要用人不疑。强有力的班干部好比一个班级的"火车头"，在班级起到引领作用，他们能够引导班级的舆论，激发同学们的学习兴趣和积极性。

有了好的班干部队伍，就可以通过他们引领班级的风气建设了。班干部要严格要求自己，以身作则。除了班干部，还要特别关注班级里的活跃分子，相对于那些不爱说话、只会跟风的学生来说，这些学生对班级氛围的影响更大，老师要花点时间关注他们的行为，要尽可能地团结他们，发挥他们的主观能动性。

三、班集体要有严明的管理制度

学生的行为需要用制度去规范。我认为，好的制度应该是公正、公开，并能够发扬民主；好的制度应该能够奖勤罚懒，鼓励先进，鞭策后进；好的制度应该是人性化的，能够充分考虑到人性的优点与弱点。在惩罚学生时，一定要让学生明白，惩罚并非来自老师，而是来自制度，以防学生对老师心生怨恨。

军训时，我们就发放了《中学生行为守则》《中学生一日常规》等规章制度，学生也认真进行了学习领会，学校还进行了考试。军训后，我们专门召开班会，大家一起为制定班规出谋划策。班规制定出来，就要严格遵守。违反了班规，就要按照班规进行惩罚。有了制度却不执行，会让学生认为制度也可以不遵守，这是极其有害的。通过一个学期的适应，学生基本上能遵守班规校纪，即使违反，也能自觉接受班规的惩罚，而没有什么怨言。

四、充分发挥好主题班会的作用

主题班会课就是让学生在集体中受教育，通过集体活动调整心态，明白道理。班会课上，如果班主任完全放手让学生去搞，到最后再无关紧要地总结两句，这样的主题班会常常流于形式，沦落为学生的节目表演课，达不到预期的效果。好的主题班会应主题鲜明、目标明确，由教师精心设计，尤其是在准备过程中教师应起主导作用。如我们召开了"我为班级添光彩"主题班会，提出"不做有损集体的事，看谁为班级争得的荣誉多"的口号等；再比如召开了"我为班级文化建设出谋划策"主题班会，让每个学生深刻感受到自己是班级的主人，强化学生的集体荣誉感和责任感，增强班级的凝聚力。

总之，增强班级的凝聚力，说起来容易，做起来难。但是我愿意不断地总结经验、改进工作，相信一定会建立一个生机勃勃的班集体，一个团结向上的班集体，一个具有凝聚力的班集体。

如何建设好一个新班级

彭秋丽

风轻花落，暮去朝来，倏忽之间已与学生相伴一年。回想刚开学的那两周，虽不至于人仰马翻但也是灰头土脸，尤其是面对繁杂的班主任工作时，有些力所不及。回首刚刚过去的一年，从最初的手忙脚乱到现在的尚算有条不紊，从过去的惶恐忐忑到如今的稍显镇定从容，全都得益于班级规则的引领和文化的浸润。

一、提前准备——以免手忙脚乱

1. 提前记住班级学生的名字

开学返校时，直接叫出他们的名字，必定能瞬间拉近师生之间的距离。

2. 提前准备好开学要用的幻灯片

如班主任的自我介绍，虽然我们习惯了含蓄内敛，但关键时刻还是要秀一下自己。可以简单介绍一下自己所获得的荣誉，曾经取得的成绩，使学生产生自豪感，受到鼓舞，快速取得学生的信任。

3. 提前准备好座位表模板，并编排座位

可以根据班级人数和班级男女生的比例来编排座位，适当参考学生的身高。座位编排好之后可以适当规划班级分组，根据学校教室布局和卫生区的打扫情况一般是6—8人为一组，这样既方便收交作业又利于打扫卫生。

4. 提前做好值日安排表

开学后安排好值日任务，具体到人，落实到位。

5. 让学生提前在家制作一张姓名牌或姓名贴

这样既方便班主任和任课老师快速认识这些学生，也方便学生之间尽快熟悉彼此。

6. 提前创建班级微信群和钉钉群

开学第一天，把提前打印好的二维码发给学生，放学后带回去，方便家长快速加入班级群。

二、目标引领——创建班级文化

班级文化是形成良好班风、打造优秀班级的重要因素。相信每一位班主任都有自己的带班理念，我们可以通过自己的带班理念，给学生树立一面精神的旗帜，让全班学生有一个精神凝聚点。因此，在班级组建之初，我们可以以小组为单位，大家群策群力，通过起班名、设计班徽、提炼班级口号、明确班级目标等形式确定班级文化，由班级全体成员共同投票选出最终方案。当然班主任也可以将自己的带班理念和对学生、对班级的期望融入其中，也可以提前拟定两三个班名和班训，最后由学生统一决定。创建良好的班级文化一方面有利于培养学生团结合作的精神，另一方面能快速增强班级的凝聚力。

三、制度护航——让规则入心

一个新组建的班集体，几十个学生从陌生到熟悉，从拥有不同的观念、行为到步调一致，形成个性鲜明的班级文化，是需要通过建立规范的制度来护航的。用制度来规范学生的言行，让班级成员自觉约束自己，让自己的行为符合班级规范。这种制约功能需要通过观念、制度、环境等因素共同作用才能实现，所以，构建完善的制度体系，是班级文化建设顺利进行的保障。

1. 通力合作制定班规，增强班级凝聚力

班规的制定不必急于一时，可先让学生利用自习课学习《学生入学手册》，熟悉学校的规章制度。然后根据学校的规章制度，让学生以小组为单位商量班级的规章制度。在此过程中，学生快速熟悉了规章制度，班级的凝聚力也得到了增强。

2. 班规制定要科学、合理，涵盖班级管理的方方面面

班规的制定要符合班级特点，力求简短，使学生的行为和班级的运行都有相应的制度可依。班规的内容可以分为以下几个方面：课堂、作业、自习、宿舍、卫生、贡献。当然在班规的实施过程中，发现班规有不完善的地方也要及时修改，使班级制度不断完善。

四、巧用班委——让责任落地

班级制度要真正发挥作用，关键在于实施。各项制度制定以后，需要指定专人负责落实。将班级制度分类，然后逐项指定责任人，将责任落实到位。通过责任的细分与落实，让每个学生都能参与班级管理，进而增强学生的主人翁意识。班主任事务繁重，不能事事亲为，所以就需要组建自己的班干部团队，通过巧用班委，让班级制度能够落实，让责任落地。具体我是从以下几方面着手的。

1. 自我介绍，观察了解

开学后，可以利用自习课让学生自我介绍，班主任要多观察积极主动、善于沟通的学生，为接下来的竞选班委和课代表做准备。

2. 主动自荐，公平竞选

可先让学生写自荐信，再根据他们的课堂表现以及任课教师的反馈，利用班会课进行竞选，试用一个月后由学生根据他们的工作表现投票评定。

3. 明确职责，责任到人

班干部可依据班规专设部门负责具体工作，职责明确，责任到人。如：

学习部：负责保障同学们的正常学习、课代表工作的安排，协助老师搞好班级的学习氛围，组织各种学习经验交流活动。

宣传部：负责传达学校安排的各项宣传任务和班级的文化布置、文娱活动等，结合学校活动分配班级事务。

生活部：负责班级教室、卫生区域的管理。

纪检部：负责协调学生的学习与生活，监督校风校纪和班级纪律的执行情况。

体育部：负责学校、班级的各项体育活动安排，协助体育老师管理体育课。

健康部：负责班级的晨午检以及健康知识宣传工作。

班干部的职责要明确，各司其职，同时也要相互协作，共同完成班级管理的各项任务。

4.适度放手，监督指导

班委成员确定之后，不仅需要学生的监督，更需要班主任的指导和护航。因此，在班委确定之初，班主任可适度放手，让他们树立威信。同时，班主任要多注意观察，一方面看他们的工作方式和工作能力，另一方面也可适时指出他们工作方面存在的问题，给予一些管理方面的建议。

五、家校携手——创建家委会

家委会是班主任和家长沟通的桥梁，班主任要充分发挥家委会的作用。家委会的建立可先由家长写自荐信，班主任根据自荐信以及与他们的沟通情况最终确定家委会成员，并单独建群开视频会议，通过视频会议的方式沟通相关工作。其运行过程就是沟通—协调—督促—反馈。家委会可以帮助班主任及时协调、督促班级的各项工作，并及时反馈家长的一些意见。

兵无常势，水无常形，教育亦无常法。班主任工作虽然充满了繁杂与琐碎，但是也会收获幸福与丰盈。相信每一位班主任在工作中都积淀了属于自己的教育智慧。也相信，在未来的管理中，在"双减"政策下，我定会且行且思，且思且悟，且悟且进，与学生携手并进，一路向前。

辩证看待班级量化管理

贾盼盼

班级量化管理作为一种常规教学管理手段，即通过量化分来辅助班主任对班级的学情进行管理，规范和约束学生行为，其以服务学生成长为出发点。然而，如果学生对量化分过分关注和追求，使这个出发点变了味儿，反而会阻碍他们的发展。教师引导学生认识到问题所在，比关注量化分本身更重要，因此如何把学生的注意力从关注量化分转移到对问题的解决和态度的端正上来，是教师的必修课。在正己育人的道路上，寻求教育方式的新突破、培养学生的创新精神和实践能力的落地生根，是每一位教育工作者的初心和追求。下面以一例说明。

新的一周，班主任的常规工作是批改周记，我一边期待着学生们的心声，一边随手翻看桌子上的周记本。许同学的一段吐槽映入眼帘——"今天早上我不小心把生活物品落在床上，中午飞奔宿舍的路上在想，完了完了，这下肯定要被生活老师扣量化分……出乎意料的是，宿舍黑板上只给了我一个警告，并没有扣量化分，耶！我长舒一口气。但是好景不长，班里的宿管委员还是把我的名字写在了班级日志上，意味着我将和扣量化分的同学一样被惩罚！只是被警告又没有被扣分，为什么还要和其他被扣分的人一样呢？"愤怒的情感扑面而来，仿佛此刻她正站在我的面前哭诉委屈。原来是宿管老师一个宽恕的决定，造成了两个小姐妹对扣量化分标准不一的矛盾啊。显然常规评语解决不了问题，我便给她留言：明天第二节下课后，你和宿管委员来办公室。第二天，两个刚烈的小姑娘气势汹汹地来到我面前，一个不服气，一个不服从，都等着老师给自己撑腰。许同学开始倒苦水，表达了两个意思：一是她只被警告又没被扣分，二是不甘心被惩罚。我转身面向宿管委员，她是一个很正气的班干部。她泰然自若地陈述：这件事本身是许同学做得不妥，被警告也是对班级的抹黑，应遵守班规接受惩罚。这场争执表面看是学生们的矛盾，实质上暴露了班级量化管理的弊端。

首先是认识上的偏差。有些班级把量化分作为学生评优评先的依据，总是希望以此选出优秀的学生，这无形中给学生的心理增加了负担，使他们在参加活动时不在意过程，而关注是否能加量化分，加多少量化分。有的学生甚至因为打扫运动会场的卫生会加分才去做，一听去的人太多，主席台宣布不再加分了，学生就不行动了。以班级量化管理情况作为评选优秀班级的依据，在这种"校园文化"的作用下，师生更多关注的是：今天扣量化分了吗？我的量化分排第几？所以，端正对量化分的认识态度是根本。

其次是制度上的偏差。学生的发展应是多元化的，由此产生的评价标准也应该是多元的。量化分是为多元化的评价服务的，而不应成为限制多元化的枷锁。作为学校，应提升管理品位，引导正确的价值观，发挥好榜样的示范与引领作用，在肯定量化分的同时，搭建平台帮助弱者查漏补缺，实现全体师生的共同提升。班级制定班规也忌"急功近利"，不能把学生"逼"上量化分这座"梁山"，同时在班委加扣量化分上要加以引导和限制，营造和谐班风，追求共同进步。

最后是考核标准上的偏差。对学生进行考核评价时，可把量化分作为参考值，避免成为绝对值。

回到这个案例中，一个人站在自己的角度看问题，另一个人站在班级公平的角度对待，于是，待她们分述立场后，我让她们试着站在对方的角度看待问题。当两个人互换角色后，似乎内心的愤怒少了一半，语气也平和多了。我接下来引导：扣分与否不是关键，最终目的是让我们养成良好的学习和生活习惯；惩罚也不是目的，最终是让我们记住下次不再犯同类错误；切莫把生活老师的网开一面当成下次肆无

忌惮的借口，切莫把加、扣量化分作为评价同学的唯一标准，懂感恩才能走得远。宿管委员开口说话了："老师，鉴于她没有扣班级分数，可以从轻处罚。"最后，她俩达成了一致：班内不再翻倍扣除量化分，但是需要跟着新的一组值日一周。松弛有度，尊重她们，最后我又补充道："注重过程，看淡结果，你会收获不一样的成长。宿管委员是个有格局的班干部，许同学是个能屈能伸的君子，发现别人身上的闪光点，你就能收获正能量友谊，这比争执量化分有意义得多。"听完这话，她俩郑重地点了点头。

在这个案例中，两个学生本身具备消化委屈养大格局的潜质，所以我决定用"她倾诉我倾听→我引导她换位→调对策促发展"的思路解决问题，最后引导她们上升一定高度，跳出量化分本身看清问题，学会感恩，珍惜友谊。相信在以后的学习生活中，她们遇事会多一些考虑。在这场育人方式变革教育实践的探索中，通过对问题根源的挖掘和因势利导，最终她们化干戈为玉帛。然而在教育一线，每天仍然有很多为分而"战"的故事发生，背后隐藏着更多因追求量化分而畸形的价值观，在这场有关量化分的摩擦中，堵不如疏，如何引导成为班主任以后努力的方向。

在日常教学工作中，班主任的班级管理艺术各有千秋，用最恰当的方法解决最棘手的问题是所有高手班主任的共同特征。拓宽思路，灵活运用方法，全心全意为学生的成长服务，是我们教育人永恒的责任和追求。

如何让学困生走出困境

鲁玉果

"学困生"这一概念最早由美国学者柯克（S.Kirk）在20世纪60年代提出。我国研究者也大多沿用这一概念，"学困生"指感官和智力正常，但学习成绩低于智力潜能的期望水平、远未达到教学目标要求的学生。学困生在一定程度上影响了整个班级群体的健康发展，如何使学困生改变现状，走出学习困境，促使班集体共同进步，让所有学生健康成长，是每一个班主任都需要思考和解决的难题。关于学困生的探讨，有很多专家和同仁在前，我在理论方面就不再班门弄斧，本文主要结合实际教学和生活中遇到的问题来探讨一下解决策略。

用爱心灌溉成长

明，1.70米的身高，文气而瘦弱，这是他给我的第一印象，但没想到他却是我中途接班最难缠的"对手"。

明是一个特长生，热爱音乐、体育，精力旺盛；在课堂上很难安静下来；不守纪律，不按时完成作业，高傲自大，爱出风头，谎话连篇，贪玩，爱拉帮结派。这是其他老师在我中途接班时给他的评价。当时我觉得初中生再差能差到哪里去，一个孩子而已，但我马上发现自己错了。第一堂课，他迟到了，嘴里吃着东西，没喊报告直接进班坐到自己的位置上，我让他站到教室后面去，他不动，我压下火气，换了一种口吻：男子汉犯错了，连个担当都没有了吗？

听到这话，他猛地起身走向教室后面。看来他是一个自尊心很强并且爱面子的学生。

运动会上，他参加了很多运动项目，我让班里的学生把事先准备好的水和巧克力递给运动后大汗淋漓的他，他愣了一下看了看我，我朝他点了点头，他接了下来。我能感觉到他的目光中多了些许和善。下午的一场跳高比赛，他的脚崴了一下，但仍坚持比赛，这又让我看到了他的坚毅执着和强烈的集体荣誉感。在随后的课堂上我公开表扬了他，并号召大家向他学习，或许从来没有成为过大家学习的榜样吧，他一时竟手足无措。当我让他给大家讲两句的时候，他的脸红红的，最后憋出了一句话：大家看我以后的表现。看他一脸认真的样子，我想这种直接有效的表扬更能直达学生的内心深处，用爱心才能唤起学生的真心。

用细心修剪枝丫

上次的表扬之后，他的表现有所进步，比如作业按时完成，课堂表现有所改进，也不再影响其他同学学习了。我的工作重心从监督他的平时表现开始向提高他的学习成绩转移。

明是一个特长生，本身对学习也不太重视，听他的"圈内"好友说他对自己的学习是破罐子破摔的。我却不这么认为，他的自尊心那么强，怎么可能不重视成绩呢？或许是因为以前受分数打击太多的缘故吧。于是，课下一有时间我就把他叫到办公室检查他的笔记，了解他的听课情况，并及时解决检查过程中发现的问题，发现他是一个思维敏捷、领悟力强的学生。只不过以前浮躁沉不下心，加上没找到合适有效的学习方法，有了问题又不及时向同学和老师请教，导致现在的成绩不理想。

很快，在一次单元测试中，他考出了语文94分的好成绩，这让我欣慰的同时又让我惊讶，他的学习态度转变还不到一个月，进步这么快？我在班里念成绩表扬他的时候，他高兴激动的同时又不敢看我的眼睛。我想这里边一定有猫儿腻，于是课下我把他叫到办公室，一句话没说，只是看着他。面对我的目光，他低下头小声说道："老师，对不起，我考试时借鉴了资料，我只是想让您高兴，想证明自己没有辜负您的期望。""你的出发点是好的，你有这份心老师很高兴，但老师更希望看到的是一个诚实的孩子，一个凭自己真实水平考出好成绩的孩子。"我这样对他说道。看到他低下头一脸羞愧的样子，我拍了拍他的肩膀（心理学上讲，当一个人内心斗争激烈彷徨无助的时候，拍打肩膀有利于加强他对你的信任），然后语重心长地告诉他，根深才能叶茂，源远才能流长，平时打好基础，一步一个脚印，终究会到达胜利的彼岸。

从那之后，再没有听说他考试作弊。

用耐心等待花开

通过一段时间的接触，明可能感觉和我很熟了吧！一次上完课，我从教室门口路过的时候，他用刚擦完黑板沾满粉笔灰的手拍了一下我后背，说老师好。这是我昨天刚买的新衣服，第一次穿，并且还是黑色的，现在肯定有一个白色的大手印在上边。我心里有点生气。看到我沉默不语，他有点害怕，赶紧赔礼道歉。看到他不好意思的样子，我缓和了情绪，耐心说道："和老师主动打招呼是有礼貌的表现，但请注意方式，衣服脏了可以洗，但有些东西脏了可不好洗啊。"

中午放学，他拿了包湿巾到我办公室要帮我擦洗衣服，我表扬他知错能改。临走时，他说："谢谢老师您的宽容。"

今年教师节收到他的一封信，信中这样写道："十年来，我管很多人叫过老师，但是如此关心我的您是第一个，感谢在我人生最美好的年华遇到您，我会努力成长，不辜负您的期望。"著名哲学家雅斯贝尔斯曾说过，教育就是一棵树摇动另一棵树，一朵云推动另一朵云，一个灵魂唤醒另一个灵魂。努力去关心每一个学生，或许是在我父爱泛滥的季节与他们相遇的缘故吧，我这样想到。

初中生身高的猛增掩盖不了他们还是没有长大的孩子这一事实，孩子的成长需要一个过程，就像苗圃里的花，每种花的花期不同。有的花一开始就会很灿烂地绽放，有的花则需要漫长的等待，学困生就是那些需要等待的花。在这个等待的过程中需要的就是我们园丁的爱心、细心和耐心。让我们拂去心中的浮躁，俯下身来，用心托起希望，用爱呵护成长，陪伴学困生走出困境，绽放属于他们自己的芳华！

多样有效沟通，提升班级管理艺术

许 宁

怎样才能做到有效沟通？对于大部分人来说也许是直接谈话，但有些时候语言不足以解决所有的个性化问题。在实际的班级管理中，我发现了许多丰富有效的沟通方式，这些方式促进了我与学生、家长的全面深入沟通，有利于学生和家长更理解班主任的用心，促使他们快速认可班主任，并全心全意配合班主任的工作。

量化反馈激发前进动力

为了更好地提升学生的体育素养，作为体育教师的我坚持每三周制作一个情况统计表，直观地呈现他们的体育运动情况。

不仅体育锻炼如此，作业反馈和班级管理也是如此。为了监督与鼓励学生提高自我管理能力，规范自己在学校的行为，养成优秀习惯，班级制定了小组量化评比制度。每周以小组量化统计表的形式将各个小组量化情况进行评比和分享，这样激发了学生小组内互帮互助、共同进步的热情。

以我们班的"小超组"为例。这个组有6名学生，性格各不相同，小组评比次次倒数，劳动"奖励"也越来越多，组员们相互嫌弃，课堂纪律和学习状态变差，组长没有了带队的信心。为了改变现状，调动每个学生的积极性，我启用了量化机制，使6名学生充分发挥自身的优势：从值周劳动到课堂发言，从运动比赛到学科作业，虽然个人量化积分不高，但多点开花使小组在综合评比中提升了一大截。随着量化积分的提高，组内的学习氛围也一步一步改善，学科知识有短板的学生也在组内"大咖"的帮助下稳步提高。多元的量化反馈挖掘了小组内学生的潜力，培养了他们自主管理的能力，使他们有了更强的集体荣誉感。

制造惊喜，激发学习和参与活动的热情

初中阶段学生的天性是渴望有一些惊喜出现的，如考试过后的文具、书本等小奖品，特别节日里的水果、小食品等。老师送的东西比其他人送的更能让学生开心，因为这是老师给予他们的专属惊喜。

我班的小晨同学是一个平时话语不多、自信心不强、有些胆怯的孩子。为了打开我和他沟通的大门，我从入校初期填写的信息表中查找到了他的生日，并在随后的生日当天给他送上了刻有他名字的书签。小小的书签打开了我与他沟通的大门，从大课间一同跑步，到食堂内的相约午餐，慢慢地他向我敞开心扉，无话不谈。在我的帮助下，他很快克服了对初中生活的不适应，找到了学习的动力。学生参加中招体育考试时，我给他们准备了粉红色"幸运袜"。考试当天全班学生统一换上了"幸运袜"。考场中，一看到穿有粉红袜的就知道是我们班的学生。有了这份惊喜的加持，每个学生都信心满满，奔向胜利的终点。爱是相互的，学生体会到了老师的关爱，也就更能"亲其师，信其道"，更能提高学习和参与活动的积极性。

倾心相谈，拉近师生距离

班主任与学生的谈心，就是把学生心里装不下的话说出来，把学生心里很需要的话装进去。聊天中，只有站在学生的角度考虑问题，取得学生的信任，班主任的观点才更容易被学生理解和接受。

如我们班小朋同学的早恋问题。最开始我采取了常规做法——"一刀切"，严肃地告知他早恋带来的危害，随后告知家长，并同当事双方家长见面处理。但后来我发现小朋还存在早恋问题，只是从明面转为了地下，而且小朋同学对我更加抵触，开始变得对我不信任。这种情况下，我转变策略，利用"自己人效应"跟他交谈，"青

春期对异性有懵懂的情感,这是很正常的现象,你们现在经历的我也曾经历过……"就这样慢慢地拉近了彼此间的距离,小朋同学也把我当成了自己人,聊得多了,他对早恋也有了新的认识,也更愿意去采纳老师的建议。

倾心相谈开启了我和学生交流的大门,也让我从更深的层面了解了学生的心理,把准了更多学生的脉搏,使教育更有针对性。

信任与关爱唤回迷途少年

信任是对学生的言词、行为、承诺的可靠期望,相信他们会自觉地做出对自己有利的事情;同时也是对学生的一种肯定,敢于将事情、任务放心地交给他们去做。

我们班小涛同学是一个多才多艺的大男生,但他对文化课的学习却没有一点兴趣,作业也无法按时完成。一开始出现问题时,我就找他谈话并批评教育,任课老师也相应地给予惩罚,但他仍没有任何改变。在这种情况下,我想必须通过一些事情来调动他的积极性,并使他能够从中提升自信。于是,我就安排他做了膳食委员,负责食堂工作。见他完成得不错,我又让他负责清洁区卫生工作。在这个过程中,他的责任心得到提高、组织能力得到提升。最后,我们一起制订了每天的背书任务,我监督他完成打卡,他开始变得忙碌起来,对文化课学习也不那么厌烦了。慢慢地,在忙碌的过程中他还主动寻求提升,作业也能够保质保量完成,从一名对文化课学习提不起兴趣的学生蜕变为班级进步最快的大男生。

对于班主任而言,教育的成功不仅取决于过硬的专业知识和教学能力,更取决于沟通的方法与用心的实践。沟通不善,会让交流出现障碍,造成误会;有效的沟通能搭建双方情感的桥梁,更好地解决问题和冲突,轻松实现育人目标。

爱与规则铸就和谐师生关系

李 霞

和谐的师生关系是学生学习的重要动力，也是教师职业幸福感的源泉。它体现在与学生相处过程中原则、底线与爱的和谐共生。多年的班主任生涯，让我深深体会到好的班级管理一定是爱与规则并存。规则的核心是爱，只有建立在爱的基础之上的规则才能浸入学生内心，从而产生积极的行为。

在班级管理中，我们制定了交作业制度：每天早上比学校规定时间提前5分钟到校，收所有学科作业，各科组长在5分钟内将各科作业上交并将检查情况报到学习委员处，由学习委员统计好各科情况。若前一天5分钟收不齐，第二天提前10分钟到校收作业。在实际执行过程中，第二天提前的情况基本没出现过。若检查到有人未写作业，就主动到教室后面座位上补充，补完后回自己座位，老师不做批评，学生当作自我惩戒。若忘带作业，下午放学前必须交，若下午放学前还未交，提交到班委会集体处理，上班级一日常规统计表。对于一周作业全齐的学生，给个人和所在小组加量化分，出现漏交就相应扣个人量化分。一周总结一次量化分，得负分的学生需说明理由（无须作检讨，说明扣分在哪儿即可），得分前五名的学生介绍经验。一个月内作业有三次未按时完成的，提交班委会，班委会和老师讨论处理。连续两个月有未按时完成作业的情况，取消学期期末评优评先资格，综合素质评定降级。

在具体实施期间，有时会出现小组长包庇或不负责任、课代表

不主动、学习委员统计粗糙、老师在不在场两个样等各种问题。鉴于此，在执行过程中，我们就必须不断地增强班干部的责任感和合作意识，尽量做到统计准确、奖惩分明。当然，这是一个艰难的过程，初期需班主任细致观察，及时发现问题并解决问题。只有把工作做细了，有问题的学生才无空可钻，制度才会发挥效力。尽管如此，班上还是有极少数学生每个月都会成为有作业问题的学生。

具体的制度不管粗糙还是细腻，严格还是宽松，要想起到作用，就必须做到两点：始终如一地坚持下去和实施过程中做到人性化管理。说起来容易，做起来难，但我一直有这样一种理念，我们制定的每一条制度不可能达到百分之百的满意度，只要确信这个方法能使一部分学生从中受益，能养成良好的习惯就是成功。

用心的班主任会发现，屡次完不成作业的学生并不是主观上不想完成或无视纪律、无视老师的要求，而是能力或习惯问题。比如：畏难情绪重；自身有惰性，但不好克服；从小养成丢三落四的习惯，虽然自己很想做好但还是会出错。对这一类学生，有时严格按制度办事不仅起不到作用，还可能会适得其反，使他们产生厌学情绪。我曾经带的班级中有这样一名学生：一入校，家长就来和我沟通，用他爸爸的话说，孩子来自一个学习风气较差的学校，他的孩子能出淤泥而不染已经非常不容易了，小学从没有做过作业，但成绩却很好。可想而知，这么有潜力的学生来到外国语中学，家长的期望会非常高。但入校后，我发现孩子的学习程度很一般，可以说是较差，且惰性很强，习惯不好，经常完不成作业。他很想跟上大家的节奏，可是一到晚上，就有惰性，不想写作业，早上又怕来学校，但班级制度又不敢违反，终于有一天，他早上逃学了，找了个地方写作业去了。我和家长批评他后，一段时间内他的表现还是不错的，但很快又开始频繁不交作业，且闹着要转学，心理也出现了问题。当家长无奈地向我求助时，我就想学生进校时他肯定也曾充满幻想，家长也曾满怀自信和期待。我开始反思自己对这一类学生是不是惩罚得多，关心得少，处理问题方法单一，让学生觉得在这个班级很没有信心和自尊。于是我和该生很深入地交谈了一次，从他小学时的优秀、进入外国语中学的骄傲、进入班级的初心、进班以来种种优秀的表现及同学的认可，一直谈到我制定班级交作业制度的初衷、

父母及老师对他的信心和期许，交谈中他还是受到了一些感染。之后，针对他的情况，在尽可能的范围内给他一些学习指导和交作业的自由空间。一段时间后，当他再一次没有完成作业，要按班规处理时，他看我的眼神已不完全是恐惧，还有了悔恨和信任，我传递给他的也不再是批评，而是鼓励和期待。后来虽然他还会时不时完不成作业，但已经逐渐好转，成绩也慢慢在提高。

从这个案例中我们可以看出，要想让这类学生遵守规则，改掉坏习惯，一味严格要求是不行的，还需恩威并施。原则中要有宽容和爱，尽量理解、尊重他们，及时帮助、鼓励他们，让他们懂得老师的关爱和期望。有时用宽容和爱会比用规则更有力量，更能约束、鼓舞他们。

我一直以来信奉一种理念：用规则去管理班级，用爱去构筑师生共同的心灵家园，让爱与规则同行。班级良好氛围的形成不仅仅靠合理的班规，更要靠这个班级中所有的老师和学生爱的表达。真正有效的规则必须建立在理性爱的基础之上，只有给予学生无私而有规则的爱，才能激发出学生向上、向善、向好的动力。

育人故事

精彩球赛，燃出"团结"与"拼搏"

石长玉

    班主任工作千头万绪，牵一发而动全局。班级活动中班主任若能与学生一道融入班集体，及时捕捉活动中蕴含的教育契机，就能促进班集体成长，从而取得出乎意料的巨大收获。

    秋日里一场激情的"阳光杯"篮球赛，就因为布局有方、引导得当有效激发了班集体成长的活力。这种活力绝不只是停留在班主任口头的简单说教，而是涵盖班集体全体成员创新活力的全面激发，因此能有力支撑全班同学在今后的学习与生活中拼搏奋进、砥砺前行。

    秋色满天，紧张而又充满激情的各种体育活动在郑外哈佛红的校园中紧锣密鼓地进行，如火如荼的八年级篮球赛悄然拉开了序幕。消息传来，班级篮球队的招募即刻有序展开，报名的队伍在班主任面前排起了长队，大家主动请缨跃跃欲试，经过一番激烈争辩，参赛名单尘埃落定。怀揣着少年特有的英气与热情，八（2）班的篮球小队诞生了。于是，队员们争分夺秒，开始了紧张的赛前集训。班主任带着队员们商讨战略，改进方案，优化战术，队员们雄赳赳气昂昂，为班级荣誉而战，为激情飞扬的青春而战。看操场上那个扎着高高马尾的女队员，挽起衣袖，站稳，微蹲，出手，一套动作行云流水，跳动的马尾辫被阳光染成金色；运球，发球，挡拆，投篮……每个人都把训练当作比赛一样认真。蓝天白云下，少年的梦想熠熠生辉。

初赛，哨声响起的刹那，空气便被如火的朝气点燃。场上，比赛热火朝天地进行着，比分也咬得很紧；场下，班主任一改往日的威严，为队员们助威呐喊，嗓子喊哑了，双手拍麻了，眼睛紧随赛场上每一个拼搏奔跑的身影。班主任周围的啦啦队加油助威，欢呼声和呐喊声响彻操场。"快传球！""命中了！""我们领先！""2班加油！""2班必胜！"每一声呐喊，每一声助威，都在空气中划出长长的尾音，对抗的火花在赛场上空点燃。到了赛点，队员们似猛虎下山，眉头紧锁，眼神充满咄咄逼人的气势，围观的同学也紧张极了，死死盯住赛场，赛场上的时间似凝固了一般。一个眼神，一句暗示，场上的队员攻防默契，球在空中划出一道完美的抛物线后，稳稳入篮。阳光从树叶间洒下，拂过少年的发丝，少年矫健的身影在赛场上穿梭。在充满未知的比赛中，或许没有鲜花，没有荣耀，但他们脸上一直洋溢着灿烂，蓬勃的朝气正不断蔓延。

篮球在队员手里来回穿梭，汗水打湿了发丝，从两鬓滑落，流淌到嘴角，但队员们不敢有丝毫懈怠。比赛结束，光斑落在篮球筐上，反射出刺眼的光芒，体力耗尽的少年们累瘫在操场上，但他们笑着，欢呼着，彼此感谢。赛场上的酸甜苦辣，让八（2）班的篮球小队在秋日里成长。

回望晋级之路，初赛、晋级赛、半决赛上挥洒的汗水，铺就了八（2）班篮球小队通往决赛的路径。时间很快来到了总决赛，双方队员身穿各自的队服，精神抖擞地走进体育馆。双方的女队员也都神采奕奕，早就在等候席静待入场。随着裁判的一声哨响，全场寂静，比赛就此拉开序幕。一开场，我方队员便凭借速度快、灵活度高的优势，拿下了宝贵的6分，全场响起了震耳欲聋的掌声。对手也毫不逊色，在上半场即将结束时进行了猛烈反扑，打得我方喘不过气来，场面胶着。见此情景，班主任果断叫了暂停，悉心鼓励队员沉住气传好每个球，及时调整战术，指导队员一定要坚信2班必胜，挺过这一艰难阶段再乘胜追击，同时热情组织啦啦队为队员加油鼓劲。经过班主任精心调整、布局、指导、激励，勇敢的2班队员压住了对方的反扑，挺过了艰难的胶着状态，之后越战越勇，渐入佳境。关键时刻，我班队员一个精彩的三分球锁定了上半场的领先局面。

身体得到短暂的休整后，中场队员们再次投入比赛，大家心中的弦再次绷紧，目不转睛地注视着场上的女队员。从第一个人触到篮球的那一刻，全场再次鸦雀无声。我方女队员自信满满，抢先发球，篮球在空中被抛出了完美的弧线，正中篮筐。"空心球！"啦啦队的欢呼声在班主任的引领下越来越高，后面队员的压力也随之增大，但在团结面前，大家仿佛得到了命运的眷顾。"八（2）班，八投五中！"我方女队员的出色表现，虽有些出人意料，但也是她们辛勤训练与班集体团结拼搏的结果。

有了中场额外的5分加持，下半场，我方男生重拾信心，每一个球稳扎稳打，在攻防两端，我方队员都竭尽全力，一个个关键的篮板球使胜利的天平慢慢倾向我们。在最后一分钟关键时刻，我方男生左侧45°角接到队友的传球，手起球出，干脆利落，三分命中。"嘟——"一声哨响，"2班对6班，17：14！"比赛结束！场馆内爆发出一阵又一阵的欢呼声。场上的老师、同学都意犹未尽，痴痴地望着球场，回味着刚才双方球员一次次精彩刺激的表现。此时此刻班主任顾不上自己年近花甲，与队员们和同学们忘情地抱在了一起，哭着，笑着，祝贺着，与学生一道尽情地体验团队力量与胜利的喜悦。三分、突破、中距离，我们挑战了曾经的不可能，并且把不可能变成了只属于我们的可能！

比赛在欢呼声和呐喊声中落下帷幕，同学们观看完紧张刺激的比赛后，回到教室，整齐地坐在座位上，突然有同学急匆匆跑来，郑重其事地指挥着大家："一、二、三，鼓掌！"节奏把握得很准，此时，我们班的英雄们凯旋，人人脸上都洋溢着幸福和自豪。这是班主任为英雄们准备的惊喜，胜利的气氛传递到每一块心田。这场比赛与每个人相关，教育的智慧总是在机缘巧合中把团结与拼搏浇灌。

班主任总结道："短短的一周时间，2班同学经历了从开始的不自信到最终的引以为豪，篮球赛带给我们的不仅是充满艰辛的训练与精彩闪亮的攻守，更燃起全班同学团结拼搏、勇争一流的激情和克难攻坚、永不服输的锐气。男生作为主力固然非常重要，但女生中场投球的5分也十分关键，全体2班同学的激情呐喊和加油鼓劲更是不可或缺，冠军的取得是全体2班同学心往一处想，劲往一处使，齐心协力、奋力拼搏的结果。我们的团结拼搏精神征服了在场的每一个人，八（2）班牛，八（2）

班获得冠军实至名归！"

八年级的这个秋天，留下了2班这群拼搏少年的美好记忆。篮球比赛从来不是一个人投篮的秀场，而是队员、观众的共同努力。当篮球队员驰骋赛场时，不管是暂时的领先，还是一时的落后，2班的加油声从未减弱。当团结的队魂在每个人的血液中流淌，谁胜谁负，不言而喻。

学校无小事，处处是教育。学校的每一个活动中都蕴含着巨大的教育契机，班主任若能凝聚参赛选手与啦啦队员的坚持与热爱、赤诚与勇敢，不断内化成全体同学的精神品格，便扣动了活动教育的"扳机"：活动大大激发了班集体的创新能力，有力促进了班集体的成长。因此当紧张的期末考试临近，当九年级毕业冲刺来临，当面对再多再大困境时，燃起"团结"与"拼搏"激情的八（2）团队不再迷茫与彷徨，也不再惧怕困难与跌倒。一场精彩篮球赛带来的希望与能量、燃起的激情与士气，足以支撑同学们握紧手中有力的笔去勾勒属于自己的诗和远方。

一根"意义非凡"的棒棒糖

林 倩

我拥有过很多棒棒糖，也送出过很多，但只有这一根，深深地甜进了我和学生的心里，让我明白，老师的小小肯定对于一个学生而言有多重要；让我真正体验到，真正的教育绝不只是教给他知识，而是给予他持续向前的力量。

送棒棒糖的新老师

今年的情况有些特殊，我从九年级下来没有按照常理转入七年级，更没有预料到会中途接班，成为八（12）班的班主任。班主任工作倒不是说没有干过，但中途成为班主任确实是我教学生涯的头一回。

不清楚素未谋面的他们，会不会顺利地接纳我这个新班主任。进班前我是有过思想斗争的，还为此设想过凝练又精彩的开场白。但所有的预想，都在进班的一刹那"轰然倒塌"，这帮"熊孩子"居然连座位都找不到。精彩的开场设计，化为了苦苦为他们找寻座位，帮他们同桌相认。场面混乱，颇有戏剧性。

学生对我当然是好奇的，但更多的是陌生。我的语文教学一直有课前听写的习惯，每次听写满分，都会给学生加1分量化分。两次语文听写过后，为了快速"拉拢"他们，我宣布了一件"大事"：谁如果能连续三次听写满分，我就奖励谁一根棒棒糖。此话一出，教室鸦雀无声，我知道他们在权衡……一次满分，尚且容易；连续

三次满分，那得不停刻苦练习，这多难啊！

但是越有挑战的事情，越能激起这个年龄段学生的胜负欲。每次听写满分加1分量化分，学生早已见怪不怪，此处不加分，可另觅他处。但是拿到这根棒棒糖忒难了，它显然已经不是一颗糖了，它是一枚象征优秀的勋章！

我一直在等棒棒糖的主人，可是过了好久都没有出现，大概是太难了吧，棒棒糖都被我遗忘在了家里。终于有一天，班里一个小姑娘兴奋地拿着听写本给我看，说："老师，你看！"我惊讶地发现原来他们一直挂念着棒棒糖奖励的事情。可惜那天真的没带棒棒糖，我就特意拿着一个梨，当着全班同学的面郑重地说："很抱歉！今天没有棒棒糖，奖励你一个梨。"那一刻，我发现其他学生向她投来了羡慕的眼光。

要棒棒糖的"捣蛋鬼"

这之后，学生们在语文背默上好像突然开了挂，越来越多的学生拿着听写本骄傲地找我要棒棒糖。有一天，一个坐在讲台旁边、成绩不好的学生默默地把听写本放在讲台上，他说老师你看看。我愣是没有反应过来，他说："三次，老师我三次了！"我才猛然反应过来他是要棒棒糖的，这让我既意外又惊喜。

因为这个学生的学习不是太好，还是班上的"捣蛋鬼"。上课不仅爱接话，还爱睡觉，作业交不交完全看心情。我是真没有想到这样一个学生，居然能连续三次听写满分，要知道开学测试时他的语文都没有及格啊！

"你都连着三次满分了啦？"他开心地点点头，我说："那跟我去领棒棒糖吧！"他开心地蹦了起来。

我也很开心。小小一根棒棒糖，居然让学生有这么大的学习劲头，是我始料未及的。我甚至从没有想过一根棒棒糖让他们有多么大的改变，但变化就是发生了。

扣了分却别有意义的棒棒糖

后来，有一天早读时"捣蛋鬼"一脸歉疚地找到我说："老师，对不起，我今天早上进校门时被扣分了。"我顺嘴说道："你忘记带校卡了？忘带校卡是可以消

分的。"几乎每周都有学生因为早上忘记带校卡被扣分的，对此，我早已见怪不怪。

"不是校卡……我外带零食，被扣了0.1分。"他结结巴巴地说。瞬间我的怒火直蹿："外带？你往学校带啥零食了？""老师，就是一根棒棒糖，我掏校卡的时候，它不小心掉出来了。"我更生气了，校规校纪强调了多少遍，几乎没有学生会因为外带零食被扣分，再说都是中学生了，还吃棒棒糖！我质问他："你多大了，还吃糖？""老师，不是，是你送我的那根棒棒糖。"我一下怔住了，原来扣分的根源在我这儿……

"你干吗不吃啊？这都多久了，得有两周了吧！"

"老师，我没打算吃它。怎么说呢？哎，我就是想留个纪念！我觉得这根棒棒糖跟别的棒棒糖不一样。所以我就一直把它揣兜里了。老师，对不起。"

当时我就有了想哭的冲动，甚至想抱抱这个学生。他得多伤心呀，好不容易才成了一个领到老师棒棒糖的"好学生"，现在却成了一个违纪生。他得多难过啊，那根他揣了整整两周的棒棒糖被收走了……

我笑着安慰他："没事儿的，老师不怪你，棒棒糖是我给你的。别担心。"

但我同时做了一个决定，一定要把这根意义非凡的棒棒糖找回来，交给他，让他继续怀揣着它，成为更优秀的自己。后来我找到政教处的老师，给他讲了这根棒棒糖的由来。辗转一天，那根棒棒糖又回到了这个学生的手里。

我开始越来越频繁地"发现"这个孩子：课堂上，他积极回答问题，再也没有睡过觉；钉钉上，他不断地询问问题；作业记录本上优秀那一栏里常常有他的名字……我看着他一点点在进步。再后来，他兴奋地拿着自己的期中语文试卷告诉我："老师，我进步了。这是我进入初中以来第一次超过80分！老师，我总分能进班级前十吗？"

我知道，一定可以的。无论是现在，还是未来，一定可以的。

因为我坚信，这根棒棒糖会永远停驻在这个学生的兜里、心上、记忆中，陪他成长，告诉他："你很棒，你还可以更棒！"

这根棒棒糖也会永远停驻在我的脑海里，陪我成长，伴我走余下的教育之路，告诉我："永远不要吝啬对学生的肯定和鼓励！"

把心声说给你听

关 瑞

当老师已经 14 年了,每当我忆起与学生们相处的点点滴滴,那一个个跳跃的身影,那一张张可爱的笑脸,心中就会泛起层层涟漪。

一、通过小纸条走进学生心中

《小王子》一书中有这样一段话:你若驯养我,就好像阳光照亮了我的生命。我会认出有一阵脚步声与别人不同,别的脚步声使我匆匆躲回地下,你的脚步声就像音乐,会引我走出洞穴。

面对永远有着跃跃欲试的好奇心,总爱用表面的坚强和特立独行来伪装自己,不想让别人看见自己难过和伤心的初中生,这段话让我想到了从容应对他们的秘密武器——小纸条。在我看来,纸条就是那不同的脚步声,让我们彼此打开心窗。

学生写给我的小纸条:

"小小的讲台,成就了小小的您;小小的您,成就了 28 个小小的我们,谢谢您温馨的提示和认可的目光。"

"听说您明天要去比赛了,要 Be brave! 不要皱眉头,记得微笑,您肯定没问题,就像当初您陪着我参加演讲比赛一样,我一直会在背后支持您。比赛完了,赶紧回来,我们还等着您给我们上课呢。"

"谢谢您在我不用心的时候告诉我认真的力量。"

"从今天起,我不再让您操心。请看我的蜕变,我会用行动告诉您,我将去向哪里!"

"因为您的鼓励，我终于来到了新加坡，实现了从南华中学给您寄明信片的承诺。"

"马上高中了，不再有您和同学们，但请放心，我不会再敏感，谢谢您的纸条，让我知道我是被人在乎的。"

……………

面对学生情真意切的话语，我又做何回应呢？

"方法永远比困难多，每当你想要松懈的时候，想想你的对手在干什么，再坚持一下，再往前走一步，成功就会属于你。"

"学习是件辛苦的事情，不是所有人都爱学习，如果你能把不愿意做的事情都做好了，恐怕这个世界上就没有什么你做不好的事情了吧。"

"用心的人把事情做好，不用心的人把事情做完。"

"这个世界上没有绝对的公平和自由，不可随心所欲，用规范约束自己，不断自我教育，才能成就更好的你。"

"在对的时间做对的事情，即使努力了，没有得到想要的结果，自己也要尽力做好自己通过努力能做好的部分，因为不努力就丝毫没有成功的机会。"

"成熟的人一定是善于控制自己情绪，并以不伤害自己和他人的健康方式让情绪得以释放的人。"

"你聪明有余，勤奋不够。珍惜自己的天赋，学会发掘自己，让自己变得更好，这便是自我教育的重要组成部分。"

……………

与学生之间的小纸条堆放在抽屉里早已满满当当。从节日的祝福到平日的嘘寒问暖，只言片语却让彼此感到充实、获得温暖。这份感动对我而言是一种力量，它促使我更执着、更努力，因为只有这样才配得上他们的期许。纸条上的话对学生而言，就像播撒的种子，相信有一天终会发芽。

教育是师生间心灵上最微妙的互相触碰，如果我们希望在学生成长过程中为他们提供有效的助燃，第一要务就是真诚地对待他们。教育的方法千千万万，让学生

在和风细雨中受到滋润，在真诚友善中获得启发是我一以贯之的做法。

二、解密学生的成长密码

有人曾经说过班主任应该像一个指挥家，熟知学生的性格与专长，帮他们找到最佳的位置，赋予他们最合适的工具，然后带领着他们，各得其所，一起成长。

小T是班里的活跃分子，各方面都表现积极，可有一段时间却一反常态，下课乱窜，放学后也不回家，因作业问题频频"上榜"。我一直苦恼如何帮助他，碰巧一天中午就餐时间，我进班拿东西，空荡荡的教室里只见他神色慌乱地往衣兜里塞东西。我没有立即揭穿他，只是提醒他早点回去，不要让爸妈等得饭菜都凉了。他边答应边飞快地跑离了教室，也许是跑得匆忙，塞在兜里的东西掉在了教室的门口。我捡起一看，是一叠手绘漫画，上面写着"毛线侠连载"。几个回班午自修的同学告诉我，小T原创的毛线侠被他爸妈发现了，他们担心画漫画耽误学习，勒令其停止。他这几天在课间乱窜，是在班里分享毛线侠的终结篇，以示告别。我明白了他近来作业问题频发的原因是赶绘毛线侠。

下午小结时，我把准备好的毛线侠连载的复印版放在了讲桌前，告诉大家，今天老师在班门口捡到了一个漫画连载，画的是毛线侠用正能量去改变世界、帮助他人的故事。我为班级有这么一位才华横溢、乐于助人的作者骄傲，但现实生活中，我们不可能有像毛线侠一样的超能量，只有通过努力来提升自己的学业水平，汲取知识，才能去改变这个世界。一个连自己本职工作都做不好的人，是不可能去改变他人、改变世界的。毛线侠的故事很精彩，想必作者花了不少的时间和心思，这也说明了付出才会有收获的道理。我衷心希望这位毛线侠的作者能将绘画上的勤奋转移到学习上，并期待毛线侠的作者现身。放学后，小T出现在了我的办公室，还骄傲地说毛线侠是他画的。在鼓励和肯定完他之后，我帮他分析了最近学习上存在的问题。创作需要专注，肯定会占用他很多的学习时间，于是作业出了问题。学习虽不是生活的全部，但却是眼下的主要任务，不能本末倒置，在做自己想做的事情之前，必须把该做的事情做好。我跟他商量把毛线侠放在假期绘制，这样不仅学业能更进一步，毛线侠的故事也能更精彩。很快，小T的学习又步入了正轨。

教育是慢功夫。良好的习惯绝非一朝一夕养成的，因而教育不可能一蹴而就。人生似长跑，学生成长的密码是态度的养成，而不是终点的输赢。给学生成长的时间，不要让成绩挤掉理解和关爱，不要让指责取代热忱和善导，这是教育的职责所在，也是育人的温度所在。

班主任工作是烦琐的，但意义不凡。有人曾说班主任不是演员，却有固定的忠实观众；班主任不是雕塑家，却雕琢着世界上最宝贵的艺术品；班主任不是名人，但身上聚焦着学生们滚烫的目光。陪伴着朝气蓬勃、天真烂漫的学生们一起成长，是快乐的，也是幸福的！与他们相处的点点滴滴汇聚成一曲曲动听的旋律，不时在耳边奏响，给予我温暖和前进的动力。

让每一个学生都"闪亮"

李桂君

"双减"政策下，面对新一轮教育环境的改变，班级管理也面临着新的机遇与挑战。作为班主任，更要有一双慧眼，善于观察；有一颗智脑，勤于思考。这样才会使班级管理有声有色，让每一个学生都"闪亮"。

班主任要善用一双慧眼，去观察、去发现每个学生身上的闪光点。

七年级新生入学时，没有任何形式的学业水平测试，因此老师对学生的状况一无所知。此种情况下，我首先给自己一个积极的心理暗示：对所有学生而言，七年级都是新起点。他们学习能力相当，只要引导得当，都会不断成长，越来越好。有了这样的心理暗示，我发现自己的心态竟然平和了很多，并且更有耐心，也更加包容。

第一次班会，我把带班理念传递给学生——培养向善向上、积极乐观、怀揣理想的追梦少年！前行的路上，不放弃任何一个学生。你简单，生活就变得简单。入校前，不少学生听过他们身边的人分享初中和小学的不同——新环境、新老师、新科目、学霸云集，他们心理上不免既有对新学期的期待，又有莫名的恐惧。了解了我的带班理念后，学生的压力或多或少有所减轻，不被老师重视的顾虑也打消不少。为避免新学段的迷茫，我又明确了七年级的努力方向——新起点，重在立规上路。上学期，我鼓励学生积极学习并适应学校的管理制度，放平心态，探寻出适合自己的学习方法。我告诫学生，时刻提醒自己：越努力，越优秀；没有最好，只有更好；不为失败找借口，只为成功找方法。同时，我真诚地告诉学生，老师对自己的定位是他们学习路上的同行者、陪伴者。在陪伴中，我会及时发现他们的问题并提出解决方案。

真诚是建立和谐关系的前提。真诚可以拉近师生间的距离，形成合力。与学生的第一次真诚交流，为良好的师生关系奠定了坚实基础。言行一致，是为师的原则。有了言语上的承诺，就要付诸行动，去努力寻找每个学生身上的闪光点。之后，通过观察他们的上课听讲状态、课下作业情况、课外活动表现等，随时随处寻找每个学生的长处。

不久，随着观察的深入，新发现、新惊喜接连不断。比如，柴同学上课互动积极，听课效率高；刘同学沉稳大气，执行力强；尤同学课堂专注，细致认真；齐同学书写漂亮，勤学好问；赵同学大智若愚，勤奋踏实；连同学热情开朗，活力四射；张同学温暖有爱，乐于助人；邢同学聪慧过人，热情大方；王同学热衷绘画，信手拈来；李同学心思细腻，思维活跃；朱同学热爱集体，任劳任怨……学生们的优点持续释放，作为班主任的我看在眼里，乐在心头，为他们个个是可塑之才而窃喜，不知不觉中也逐渐物色好了班干部。面对这群青春洋溢、激情四射的孩子，即使他们偶尔犯了错，我也会告诫自己：慢慢来，耐心些，他们会长大。

一天下午上课前，我刚走到教室门口，就听到一个男生在咆哮。推门进去，发现这个男生正情绪激动地跟同桌理论，两人并未因我的到来而"休战"。于是，我叫他们出来，了解情况。原来A同学不小心踩到了同桌B同学放在地上的书包，B同学要求A同学把书包擦干净，遭到拒绝，他不依不饶，两人你来我往，就演变成了咆哮。听后，我让他们先冷静2分钟，想各自不对的地方。2分钟后，A同学说："我是不小心踩到他书包的，他非要我擦。"B同学说："他踩了我的书包，我心里不舒服，为啥不给我擦？"我听完后，重申道："反省各自的错误。"两人便沉默了。

看到一时不能正确认识自己错误的两个人，我耐心开导："正确、理性处理问题的法宝只有一个——自我反思，换位思考。A同学，你先踩了B同学的书包，虽然不是故意的，也是有错的。如果及时道歉，拿出态度，也许B同学就不会这么较真儿。B同学，书包放在地上难免被同学踩到，如果挂起来，不就避免此事发生了吗？"

两人听后，都意识到了自己的错误。我又补充道："作为同桌，习惯会有差异，如果对方做得不合适，应该心平气和地提醒，尤其是男生，要有气度。"矛盾看似化解了，但我总觉得两人绝不会因为这一点鸡毛蒜皮的小事就如此大动肝火，一定另有隐情。经过了解，果不其然，两人都喜欢打乒乓球，曾因课间抢占球台积怨。为了打开他们的心结，我继续开导他们："校园里团结友爱是第一位的，满足自己的爱好是第二位的，学会接纳他人，才能被他人接纳。"

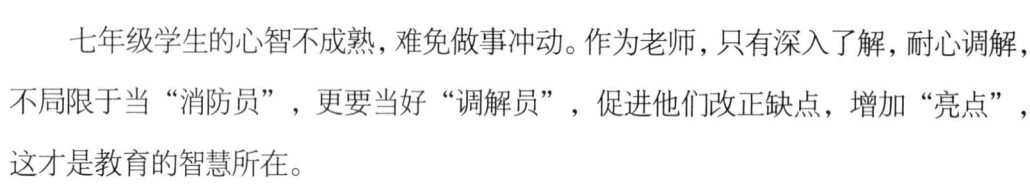

七年级学生的心智不成熟，难免做事冲动。作为老师，只有深入了解，耐心调解，不局限于当"消防员"，更要当好"调解员"，促进他们改正缺点，增加"亮点"，这才是教育的智慧所在。

发现优点，适当放大，给孩子种下一颗信念的种子，让他们坚信：我可以，我能行！从而在行动上有所改变。

我常利用周五的班会及时表扬本周内有突出表现的学生。无论表扬哪个同学，其他学生都会送上真诚而热烈的掌声。学生在学校得到的肯定，会和家长分享。一位家长给我留言说："李老师，您总能发现每个孩子的优点，遇到您，是孩子的幸运，是家长的幸福。"朴实的话语，是家长对我工作的认可与肯定。其实，看到学生的成长，得到家长的肯定，我又何尝不是幸福的呢？还有一位家长问我："李老师，面对这么多学生，您是怎么做到保持心态平和的？"其实，我也有生气的时候，但我告诉自己：他们刚入学，新环境、新要求需要适应，我应耐心引导，假以时日，静待花开。

表扬、肯定，可以给学生更大的信心。尤其对于学习能力一般但有其他特长的学生，我更是不吝啬表扬。

班里有个女生，半学期后，排名一直处于班级中下游。每天无精打采，头发扎得松松散散，偶尔还会迟到。我私下提醒她，把头发扎高点儿，会显得更有活力，更有青春朝气，当学生要有一股精神气儿！她听后，羞涩一笑。后来也没太大改善，只是迟到的次数少了。但让我惊艳的是，元旦晚会，她和一个女生合跳了一支舞。表演时，她表情自然，舞姿优美，完全没有之前的懒散状态，整个人是闪闪发光的。我深感震撼，也再次体会到：自信可以让一个人由内而外地绽放光芒。于是，总结

元旦晚会，说到大家的多才多艺时，我着重表扬了这个女生，也强调了自信对一个人的影响力。后来，上课时她听课的状态大有改观，不仅认真记笔记，作业交得也及时，自习课每次看到她时她都在埋头写作业，期末学业水平测试，她从中下游跻身到了中上游。

总之，作为班主任，多用欣赏的眼光看学生，多放大他们身上的闪光点，多给他们一些自信的雨露，人生路上，他们定能收获明媚的满园春色。

等一等，再等一等

黄璐璐

教育学生，就像牵着一只蜗牛在散步，虽然有气愤和失去耐心的时候，但是学生的可爱，往往会让我们看到生命美好的一面。

不是读了这个故事我才学会静待花开的，因为我知道，人教人，教不会，事儿教人，一次就行。

——写在前面

在做任课老师的时候，我对学生的批评常常是直来直去，眼里容不得沙子，似乎自己的课是一件艺术品，那些捣蛋的学生就是破坏艺术品的"罪魁祸首"。但做了班主任后，我认识到，老师的课如果没有学生听，尤其是没有那些学困生的存在，或许永远都只是表演课。不仅课上如此，课下也一样。

刚接班的时候，直觉告诉我，小T应该是个调皮捣蛋的孩子。看他上课扭来扭去活跃的样子，看他下课在走廊上碰到我躲闪的眼神，我在心里不自觉默默地给这个孩子贴了一个小标签。开学两三周下来，我差点儿被气晕：7个住宿的男生，每周都在这个学生的"带领"下，将班级的量化分"干掉"近1分，不是忘记关窗，就是忘记放鞋。看着其他值日生卖力地擦着窗户，就是为了不被扣分（窗户擦不干净扣0.1分），我内心的怒火熊熊燃烧：别的同学辛辛苦苦保持卫生不扣分，你们倒好，轻而易举地就被扣掉近10倍的分，真是"秃子打伞——无法无天"。常言道："擒贼先擒王。"我决定在办公室单独会会这个学生。办公室第一次面谈，我对他吹胡子瞪眼，摆事实，讲道理，整个过程他一声不吭。最后我问他准备咋办时，他抬头看着我，吞吞吐吐地问道："老师，可以给我一次机会吗？"看着他严肃的样子，我的心忽然软了一下，问他："你准备怎么把握我给你的机会？"他说："老师，如果我下周还被扣分，那你让我停宿一周，我毫无怨言。"我当即答应了他，因为我想给他留点时间和空间，也给自己留点余地。说实话，写检讨、请家长这种班主任惯用的手段，我真不知道对他管不管用，更不想刚开学就使出"杀手锏"。

接下来的一至两周，这个学生严格遵守我们俩的约定，遵守寝室纪律，其他学生也慢慢受到影响，他们寝室果然没再出现被严重扣分的现象，我心里暗自窃喜。但好景不长，按下葫芦浮起瓢，这个学生又走进了我的办公室，原因是多次未交作业。这次，我比上次淡定多了，因为对他多了一份了解，他不是那种油盐不进的孩子。我试探地问他："这次，你来说，该怎么办？"似乎是受了上次跟我约定的鼓舞，他的眼神里多了一些坚定："老师，我可以改的，我第一次住校，可能对时间把握不是很好，给我一周时间调整，好吗？"我望着他，半信半疑，但我还是答应了他，但有个附加条件，如果下次其他方面再出问题，被班委请到我办公室，就请他自己去跟班委和同学们解释，他答应了。接下来的时间，他的表现大大出乎我的意料，这个学生的每科作业都能按时交上，名字再也没有被记在后面黑板上，我开始对他刮目相看了。

就在我觉得他可以移出我的"重点监控"区时，风波再起。这一次，我大发雷霆。起因是历史课前，一个女同学哭哭啼啼跑到我办公室告状，有几个男生不小心把她挤到后墙那里了，胳膊被撞得特别疼。而这几个男生其中之一就有他。看着这个平时成绩又好又乖巧的女同学哭得梨花带雨，我气就不打一处来，心想：欺负女生，算什么本事？我噌地站起来，快步走到班里，想问问他到底怎么回事。当我踏进班级后门，看到他还在跟同桌兴致勃勃地边说边挥舞着双手时，我再也按捺不住心中的怒火，当着全班同学的面狠狠地批评了那几个男生。他们没有反驳，因为我早已"约法三章"，在班内不允许嬉戏打闹，而且他们

几个最近课堂纪律确实不够好。等我发完火回到办公室，脑海里回想着那些孩子低头站在后排的样子，心忽而又软了下来，想看看当时他们到底干了啥。于是我调出监控，看到这个男生跟其他几个男生站在后排推搡着玩，恰巧那个女同学路过，这个男生个头儿比较高，没看到女同学，在推搡其他男生时无意中将这个女同学撞到了墙边，胳膊硌到了黑板边框上。他不是故意的。但他课上和课下也没有遵守纪律，我默默地想。下课了，我把他喊到办公室，这次，我找了把椅子让他坐下。他没有开口替自己辩解，因为他知道自己这是"三进宫"了。我跟他提起了他的课堂纪律意识，我说："一开始我不想过多批评你，是因为我弟弟像你这么大，被一所很好的中学特招，也是一个人在外住校读书，挺不容易的。你从安阳跑到郑州来读书，肯定不是来聊天打闹的，对吧？"我说完，忽然看到大颗大颗的泪珠从他的眼眶里滚落。那一刻我才意识到，他虽然个子高高大大，也不过是个十几岁的孩子。有了之前的约定，这件事的处理很简单，他信守承诺，站到讲台上对大家说："对不起大家！我知道我已经犯了好几次错误了，第一次是寝室生活习惯不好被扣分，第二次是作业不能按时完成，这是第三次，我没有很强的纪律意识，每次都在不同的方面犯错误。但是非常感谢黄老师给我机会，耐心地等待着我改变。前两次我都能做到与老师的约定，改正了缺点，希望大家能再给我一次机会，这次我也一定能改！"话音刚落，教室里竟然爆发出热烈的掌声，因为连同学们都知道，他一直在进步！

这件事发生的那个周末，我收到了这个孩子妈妈发来的长长的短信。短信中，孩子妈妈说，孩子这次触动特别大，整个人似乎焕然一新了。而那时，我脑海中恰恰浮现出带蜗牛散步的故事。

后来的一天，我在班里跟学生讲起了"南风效应"——北风和南风比威力，看谁能让行人把身上的大衣脱掉。北风首先来了个寒风刺骨，结果行人把大衣裹得紧紧的。南风则徐徐吹动，顿时风和日丽，行人春意上身，纷纷解开纽扣，继而脱掉大衣，于是南风获得了胜利。讲完，我与后排几个男生会心一笑，他们都明白我的用心。教育必须唤醒学生的自觉，而不是"外界"的"寒风"。幸亏当初我对他们采用的是"等一等，再等一等"的策略。很多时候，不要随意给一个学生贴标签，有问题了，我们可以等一等，再等一等，给他机会，给他时间，耐心等待他发自内心的改变，这或许比任何惩罚手段都有效果。

一个"学优生"的问题

杨 莉

"双减"政策的出台，就好比在你争我夺的教育赛场上，突然给学生、家长、老师吹响了中场休息哨，让三方重新调整心态，变换节奏，向更高质量的教育目标进发。如何在这样的环境下，真正做到既减轻学生的学业负担，又能促进教育公平，让学生得到全面发展和健康成长，是我们每一位教育人应该思考的问题。作为班级管理的主导者——班主任，调整班级管理做法显得尤为必要。这里与大家分享一个我在班级管理中的教育小故事，与君共勉。

【案例事实】

见小T的第一面，我直觉认为他是个学习好的孩子，但军训期间发现他不太合群。入班第一天竞选班委时，得知他小学时数学竞赛拿了不少奖，同学们很佩服他，甚至他一竞选数学课代表就没人敢再上台了。接下来的学习中，无论是课上的学习还是作业的完成情况，我确实领略到他丰富的知识储备和敏捷的思维能力。

但问题也慢慢出现了：当班干部在讲台上安排事情时，他会满脸不屑；英语老师反映他的背默作业没完成，测试成绩也不好，基础知识丢分多；他的同桌找到我大哭："老师，我真的受不了了，我不想给你说，可是我每天都没法静下心来学习。"原来小T经常讽刺他，甚至多次说他笨。

【案例分析】

根据对小T的了解，我认为，他的这些行为不是一两次偶然的表现，而是内心自负导致的无意识行为。因小学学习成绩突出，他经常受老师表扬，尤其多次在竞赛中取得优异成绩，使得家长引以为荣，只关注他的学习，忽视了对他与人相处等做人方面的引导。

为了更全面地了解这个孩子，我约见了他的妈妈。交谈中得知他的爸爸和妈妈还是非常重视对其全面培养的，只是在具体的教育中存在一些问题。首先，对孩子思想方面的引导和教育，只停留在泛泛的口头要求上，而对孩子的日常行为细节缺少关注和引导。其次，以孩子为傲，但没有明确的目标，也不太愿意让孩子吃苦。最后，过分相信孩子，当孩子遇到问题时，常和孩子一起找客观理由，而不能理性分析自身原因。

综合来看，我认为小T很有潜力，但问题主要是：认为自己优秀，但对什么是"优秀"并没有明确的认识；过分自信，没有意识到自己一些行为的不妥；虽然数学成绩好，但欠缺科学的学习方法和合理管控时间的能力。

【问题解决】

1. 更新家长观念，寻求家校合力

有人说"孩子的成功就是家庭教育的成功"。著名教育家鲁洁认为，家庭不仅影响受教育者的在校学习，而且参与塑造他们的个性和人格行为。家长的言传身教对孩子有耳濡目染的熏陶作用，这种潜移默化的影响要比学校教育强烈、深刻得多。我对小T的妈妈直言："孩子很有潜力，对于优秀的孩子我们更不应该在他不可逆的成长过程中留有遗憾。孩子的成长需要我，更需要你，让我们一起努力。

"孩子不屑一顾和对同学说伤人自尊的话，他自己或许并没有意识到不妥，我们发现了，就要及时提醒孩子，促使其改进。日常生活中，要善于抓住教育契机，循循善诱，让孩子养成尊重、感恩、谦逊等为人必备的素养，要让他懂得想成'大才'，应先学会做人的道理。

"孩子的数学成绩确实很优异，但他只是数学学得好。数学能学好，其他学科为什么学不好？这是孩子的学习态度和学习习惯问题。就连你都抱怨英语老师布置的背默多，孩子肯定有情绪啊，带着情绪去学习会有效果吗？而实际上，我们学校

对英语的学习虽然要求高，但多数学生学起来是没有困难的，并且学习效果非常明显……"

我建议小T妈妈给孩子讲明学好英语的重要性，并鼓励孩子，别人能背默全对，聪明的他也能做到；同时教给她一些督促孩子背默的方法。两个小时的谈话，给小T妈妈带来了信心和希望。

2. 召开主题班会，共议优秀学生最基本的标准

小T的表现虽是个例，但反映出来的问题在不少学生身上都存在。为了既帮助小T同学，又给班上所有学生以启迪，我决定召开以"争做优秀学生"为主题的班会。班会的目的就是让学生自己观察生活、收集材料、交流讨论，反思自己的不足，共议优秀学生最基本的标准和自我的改进措施。

班会包括以下环节：第一环节，回顾班级目标和曾经背下的《中学生日常行为规范》；第二环节，看视频，思考事例中的做法是否正确；第三环节，自我反思和组内成员互相评议；第四环节，共议优秀学生最基本的标准；第五环节，我的誓言——如何让自己更优秀。在第二环节中我有意插入了类似小T的几个不妥做法，并指出这些行为虽然明知不对，但他们平时无意中也会犯类似的错误，然后，让他们自我反思。自我反思时，小T似乎并没有认真进行，组内互评时我看到小T的脸红了。接下来，没想到的是小T主动走上讲台承认自己对同桌的一些不妥做法，希望得到同桌的原谅。

3. 和小T畅谈，树榜样、订目标

一个狂妄自大的人如同一个塞满泡沫的杯子，无论往里面倒多少水，都会溢出来，一滴水也装不进去。一个虚怀若谷的人则如同一个空心的杯子，能接纳别人倒来的满满一杯水。一个人自满时，往往看不到外界的精彩或自我目标不高。殊不知，山外有山，人外有人。小T这个年龄段的学生往往靠外界的看法进行自我评价。小T小学时听到的表扬太多，以至于自我膨胀。我给他讲了一个往届生的例子：这个学生认为自己小学学习功底很深厚，觉得自己非常厉害，在初中三年里狂妄自大，不把其他同学看在眼里，家长和老师的劝阻也听不进去，逐渐"坐吃山空"，成绩

大幅度下滑。当他意识到问题的严重性时已太晚了，导致后来中考他与理想的高中失之交臂，其后悔不已。好在步入高中后，他吸取当年的惨痛教训，在高中戒骄戒躁，稳扎稳打，谦逊待人，高考成绩十分优秀，终于圆梦理想大学。借着这个事例，我告诉小T："我相信你的发展会比我讲述的那个学生还要好，因为你有更好的天赋，但是你要像这个学长后来一样谦逊，对自己有更高的要求。"他当即表示一定会努力的。看着他坚毅的眼神，我深感欣慰。

当然，仅靠一次畅谈并不能保证他一直坚持下去，看到他取得优异成绩，我会及时表扬并告诫他"百尺竿头，更进一步"；看到他的不足，我会及时提醒并建议他该怎么做会更好。

我记录着他一年多的点滴变化，评优评先时他的票数由最初的2票到5票再到13票，学习也由中等生变成了优等生。

【案例反思】

作为班主任，我尽力帮助每一个学生，渴望让每一个学生由优秀走向更优、更全面的发展。对小T的教育转化让我认识到学生出了问题，不要盲目急于解决问题，而要先思考问题出现的深层次原因，再探索解决问题的多元化途径，采取相应的措施，这样才能起到事半功倍的效果。

用爱与智慧守望精神花园

范利涛

我有这样一个梦：在一座花园里，有一种法则的藩篱，划定区域，确保精神重地，安全洁净；有一股清泉，源源不断，碧草如茵，飞鸟遍地；花园里，每一个孩童，插上双翼，自由翱翔！

2019年8月，班级迎来了新一届的郑外学子，小Z走进我的花园。他性格怪异，脾气暴躁，常常出言不逊，公然顶撞老师。严厉指责，我于心不忍，因为我了解到他从小就处境艰难，两岁时，父母离婚，各自成家，又有了自己的孩子，无奈，他由爷爷抚养。爷爷离世后，他跟随大伯，再遭大娘嫌弃！可怜的孩子！那该怎样教育？如何引导？我苦苦思索。

"爱他，因为爱就是恒久忍耐！"我在心里安抚自己说。恒久忍耐，保持一颗温柔的心去感化那棵受伤的幼苗，耐心等待他的改变。我明白：我必须克制自己。

"把我的量化分全扣完吧！"一天他气势汹汹朝我吼道。似乎他的每一寸皮肤都做好了挨批的准备，每一个毛孔都散发着挑战的味道。"不扣你的分！"我微笑着，伸手轻拍着他的背。"把书还我！"他再次吼道。"还！"我平静地说。他有些惊异。"孩子，你说了这么多，没有一句是老师希望听到的。""你想听什么？""我想听你说，上课应该认真听讲，不应该看课外书。"他轻轻地低下头去，笑了。从此以后，他发生了很大的改变，学习自觉努力，做事积极认真，令人欣慰。就是那嘴角的一丝笑意呀，分明是他内心快乐的传递！

刹那间，我的花园被光照亮：让爱做最高法则！爱心的力量奇妙无比，一旦付出，昨日艰难的崎岖山路，今日已成幸福甜蜜的坦荡通途！抛开自我，尽心竭力，对每个学生深情凝视，倾情呵护，真诚期待！康德曾经说过，这个世界上有两样东西让我们感到震撼，一是我们头顶浩瀚的星空，二是我们内心崇高的道德法则！任何来自心灵的召唤，都是最柔软又最具有打动人心的力量！

我无数次地对学生说："你考第一名是老师的宝贝，你考最后一名同样是老师的乖乖，在老师眼里，你们同样宝贵，因为你们都尽力做了！"在尊重、理解的基础上爱学生，这种爱让学生更感动！教育的事业是爱的事业，老师只有真心实意地爱每一个学生，尽心竭力地让每一个学生有所收获，才能收到春风化雨、昭苏万物的实效。

爱每一个学生，是我必须做的。在班级管理中，满腔热情满腔爱，对待学生，一颗公心，冰清玉洁，胸无尘滓；对62个学生一视同仁，对学优生不溺爱，对学困生不歧视，班里每一个学生都能真切地感受到我亲切的目光，无微不至的爱！只要我开始跟一个学生谈话，其他学生都会自信地说："咱老师会给每个人加油鼓劲，马上该轮到我了！"小C要先预习，小Y要细致，小D要灵活……62个学生就如62页书，我对每一页书都了然于心，将每一个学生的优点、不足都记得清清楚楚。有一天小L的妈妈来送棉衣，我对她说："孩子会感到温暖的！"家长却真诚地说："孩子跟着您，再大的风雨也不怕！"她的话让我备受鼓舞，我定要让自己的爱心宽如海洋，足以容纳62艘战舰，让他们在阳光里成长，在风浪中磨砺！为成功者欢笑，为失败者打气，关爱每一个学生，力求让每一个学生得到全面发展，是我最大的梦想！

当学生驶在正确的航道上，我把爱当成前进的助力器；当学生偏离航道时，我依然相信爱的力量。

用爱帮助学生战胜自卑。著名诗人纪伯伦曾高唱爱的颂歌："所有的工作都是空虚的，除非有了爱。"小W的成绩不怎么理想，经常是班级最后一名。他看上去胖胖的，鼻梁上架着一副眼镜，眼神也不似同龄孩子一样充满朝气，行动更是迟缓。

每逢老师提问他问题，等待他站起来的过程可能就消耗掉了大家的耐心，时间久了，同学们也不愿意跟他玩了。他自己倒也无所谓，对周围人的嫌弃也没太放在心上，每天专注做着自己的事情，很少说话，有时候你会忽略了他的存在。然而就是这样一个学生，我却能不时从他那歪歪扭扭的文字中发现他独到的见解，从他不急不缓的语言中感受到他的新视角。于是，我开始关注他，上课经常提问他，每逢他回答得不错的时候，我就大肆赞扬他一番，以期增强他在同学面前的自信；我开始在他又脏又破的作业本上一次次批注上"把字写好"。我看到了他一点一滴的进步，成绩越来越好，与同学相处越来越轻松；每天放学，看到他不再像以前一样一个人默默地走着，而是跟班级同学一起有说有笑地离开；每每在校园里见到他，他会郑重地跟我说："老师好！"此刻，我就感到特别幸福！

我与62个学生一起学习，一起生活，一起营造温馨友好的班级氛围。我希望每一个学生都沐浴在关爱中，成长在呵护里。无论是优秀学生，还是暂时落后的学生，他们一个个正直坦荡、积极向上、热爱学习，一个个勤奋踏实、遵守纪律、友爱团结。他们胸中洋溢着爱的力量，在浩瀚无边的学海里，正扬起风帆，驶向理想的远方！

岁月如流，日子在平静中度过。周一检查作业，小H成焦点。"为什么没写作业？"我尽量保持平和的语气。"老师，我根本就不习惯写作业！"他一语未了，全班哄堂大笑！但他目光灼灼，镇定自若，仿佛"不习惯"是他内心强大的信念！"你不习惯，考试倒数，单词听写，全都不会！"这些毫无遮拦的话，习惯性地涌到我的嘴边，但我又强力地把它们咽了回去，因为温良的舌是生命的树，乖谬的嘴会让人心碎。我沉默了几分钟，先让他坐下，把这件事默默记在心里！

花园里，爱心承载，嫩芽破土，正需智慧灌溉，修剪移栽，需向智慧更深处进发！

星期五，我和小H来到操场上谈心，聊到习惯，我说："你看，太阳何其伟大，却每天东升西落，兢兢业业，运行在自己的轨道里；小草，多么渺小，春来发芽，秋来枯萎，行走在自己生命的轨道中。你看，每块砖头，受限于规矩尺度，却成就高楼林立，鳞次栉比；每个球员，受制于规则禁区，却能自由驰骋，精彩表演！天地万物，习惯于自己的轨道，习惯于自己的职责本分，方成就四海之内蓬勃的生机！"

他的眼睛突然明亮了，好奇地打量着校园里曾经熟视无睹的一切。我相信，真正的信念已在他心中树立！此后，我抓住每一次机会表扬他的优点，班里的学生仿佛明白老师的意思，每一次的掌声都那么热烈。爱在鼓励中起效，他的成绩稳步提高，老师的爱、同学的爱让他开始自强！

站于操场之上，立于天地之间，一种莫名的感动在心中激荡；智慧的源流啊，不要似清泉灌溉，要似大河奔流，波涛汹涌。听！花园里，万物放歌，童声嘹亮，四围响应，星辰同声，共同演奏这教育事业最平凡又最绚丽的华彩乐章！

智慧启迪智慧，心灵塑造心灵。我班62个学生待人宽厚，处事温和，常取他人之长，补己之短；他们为同学的成功而欢欣，为同学的困难鼎力相助；他们不断超越自我，使自己变得更加强大！

在历史的长河里，我是一条普通的小鱼，名利不侵，世俗不扰，所向无惧！我的花园，爱心主宰，智慧启迪！从那以后，我就有了这样的梦：让爱心与智慧携起手来，共同守望我们的精神花园！

用爱浇灌心灵之花

黄 宁

犹记得军训时的第一次见面，像一帧帧画面，模糊而清晰：汗水淋漓、粉嫩的脸庞洋溢着朝气；左拖右拉，只身"上阵"仍透着稚嫩的身板；上下打量、左顾右盼充满好奇的眼神；羞涩腼腆、阳光灿烂透尽真诚的笑容。身着统一的迷彩服，编入队列，他们显得整齐划一，脸上的笑容越发显得自信。67个鲜活的生命，67副各异的面孔，67种鲜明的性格。真想一下记住，瞬间认识。

然而，只有热情，并不能完成全部的教育；只有和谐，并不能构成班级的管理。

暴风骤雨

那是开学第二周，在一次数学辅导课上，我在后窗观察学生的学习状况。看到了平时沉默寡言、并不显眼的小A同学和同桌在低头私语，嘀嘀咕咕后还挑衅地向同桌伸出了中指。下课后，我立即把他叫出来询问此事。我本以为认错、道歉就能解决，却远远低估了事态的发展。问他为何做出如此不雅动作，他却一脸不屑，矢口否认。一口咬定并没有说话，更没有过激的举动。看到他态度如此蛮横，我气不打一处来："我从来不怕学生犯错，但不能接受撒谎！"他嚎啕大哭，脸憋得通红，仍旧固执己见。他的眼神充满了挑衅甚至是敌意，他的表情充满了委屈甚至是不屈。"男子汉做错事，要勇于承担，敢于认错，你的爸爸平日怎么教育你的呢？"他的情绪更加失控，整个走廊上回荡着他连哭带喊的吼叫："不要提我爸！老师，你偏心，对我有歧视！"安静的晚自习，被他怒吼的声音打破了。我没有继续和他理论，为了保证班级辅导的有序进行，我转身默默地关上了班级的门。我虽然低着头，但仍能感到班里同学对他如此"挑衅"行为的迷惑不解甚至是瞠目结舌。我把他叫到了一边："你我刚刚相识，还不熟悉，老师对你何来偏见？"他继续声嘶力竭地说道："军训时拔河比赛，我和小B同学都在绳索后面压轴，我们班获胜了，为什么你只在全班表扬了他？你从一开始就戴着有色眼镜！"这唐突的质疑背后也许就是他真正的"心结"。细细回忆军训那晚的拔河比赛，小A同学确实在全班的后方，为了更好地稳住重心，他不断地将力量后移。而最后一名小B同学将绳索紧紧地捆在了自己腰际，三轮拔河比赛下来，小B同学的手磨破了皮，腰部也留下了绳索勒伤的痕迹。进班小结时，我表扬全班同学讲究战术，具有通力合作的集体意识，特别表扬了主动出招、勇于承担的小B同学。没想到的是，那次拔河比赛，却成了他对我产生隔阂和误解的开始。短暂思忖后，我为表扬时没有及时关注到每一个学生而产生的误解表示抱歉。"可是这并不代表老师不喜欢你，更谈不上歧视和偏见。"而他依然不依不饶，从他的激烈反应来看，不良情绪应该积压已久。我意识到了问题的严重性。

春风化雨

教育既需要持久关注、耐心等待，更需要精耕细作式的规范。我把小A请到办公室，既然误解不能一下消除，那就索性换个突破口吧。看着桌子上刚刚批阅过还未收起的军训心得，我想这也许是个办法。我找出他的军训总结，惊喜地发现后文附了整整两张认真书写的家长感言，我将这段殷殷寄语读给了他：

赠儿子

翩翩美少年，学习正当年。

告别小学时，迎来中学期。

在校敬师长，在家孝父母。

同学团结好，朋友不会少。

  学习态度好，成绩有提高。

  学习方法好，知识记得牢。

  总结四个词，一个不能少。

  自信与乐观，认真与坚持。

  老师虽辛苦，心里乐陶陶。

  人生各阶段，精彩来陪伴。

  三年回首看，心中无遗憾。

  奔跑吧，少年！

  读着读着仿佛看到孩子母亲字斟句酌用心编写的情景，犹如一个个爱的符号，一句句爱的叮咛，寄予了一位母亲朴素而真挚的希望，我的声音不由自主低沉了很多。他的情绪此时稍有控制，敌视、轻蔑的眼神中沁出了点点和缓、感恩的泪水，他陷入了沉默。表面来看抵触情绪有所消减。"动人以言者，其感不深；动人以行者，其应必速。"等他离开后，我联系了他的妈妈，向其简要说明事情的始末后，我感觉到她的欲言又止，当晚9点，我们见了面。原来小A同学来自单亲家庭，为了他更好地成长，已经离婚多年的父母选择了隐瞒。随着与父亲见面次数的减少，本就敏感的他对父亲愈发疏远。母亲辞去了工作，专心陪读，悉心照料，但仍难掩父爱缺失带给他的影响。父亲脾气不好，偶尔的一次见面，仍抱有恨铁不成钢的态度，不免会对他教训呵责，敏感的他从开始的沉默不语到后来的顶撞对抗。父子关系日渐僵化，亲情的线使他如风筝般想要挣脱却又无法逃离。对父亲的怨怼背后，有时也有对父亲难以抑制的思念，尽管心口不一。又加之小学因误会被体育老师误解，引发了对老师群体的敌视，所以他容不下一句批评，听不了一声否定。自卑又敏感的他像一只小刺猬一样，试图用身上的尖刺保护自己脆弱的心，时刻提防着周遭的有意或无意的"伤害"。通过了解小A的家庭背景、教育经历，我知道了问题的根源所在，理解了那次激烈对抗背后的"玻璃心"。我要帮助他！我想当务之急，要让他找到平衡点，需重新唤起自信！

  世界上没有完全相同的两片树叶，正如有的学生乖巧懂事，有的顽皮倔强，有的聪明伶俐，有的迟钝呆板。学生千千万，方法各不同，如果真的要找出捷径和秘诀的话，也许就是爱。教育是爱的事业，博爱是教育者应有的情怀，而爱之博大，还在于能因材施爱，因时施爱。没有芥蒂地坦诚以待，不分高低地俯下身来。我开始不定期地找他聊天，关心他的学习生活状况。知道他爱好阅读，尤其是动物小说，我决定让他管理班级的图书角，记录班级同学借阅情况，并以此为契机，推荐他阅读泰戈尔的《飞鸟集》、傅雷的《傅雷家书》等，期冀更多的"鸡汤"滋润他干涸易碎的内心。要求他每读一本书，定期给我反馈读书情况。他的阅读兴趣慢慢浓了，与我的关系渐渐密了。与书籍相伴，让心灵在一次次的洗礼中得到升华，每日播种下一粒正能量的种子，定能收获满满的正能量。

如果说学校教育助力他走向成才之门，那么家庭教育一定是开启那扇门的密钥。当务之急，需家校配合，双管齐下。解铃还须系铃人。父爱粗犷、温和、智慧、谦逊。男孩需要和父亲相处，父亲能帮助他建立起对周围世界的安全感和自信心。破镜难以重圆，但血浓于水的牵挂，如一条无形的绳，又将三人重新系在了一起。不管是貌合神离，还是逢场作戏，当他看到那个整日被工作所累难以脱身的爸爸，越来越频繁地出现在校门口等待他放学时，他犀利质问的言语少了，温暖关心的话语多了。父子关系褪去了冰点的温度，渐渐有了温情的加热。亲情的滋润像一场春雨洗涤了孩子心中的猜忌、怨恨。

恰逢道德与法治老师组织学生书写时政报告，他搜集素材认真、点评内容独到，作业作为范文受到了道德与法治老师的表扬。我抓住这个教育契机，在当天的班级小结上，当众表扬他作业认真、勤思善学，并让他谈谈对时政的认识。腼腆内向的他，第一次站上讲台，略带羞涩的面孔露出了自信而喜悦的笑容。格局大了，烦恼就少了；眼界广了，心就开阔了。苏联教育家苏霍姆林斯基说，有时宽容引起的道德震动比惩罚更强烈。有了宽容，才会去等待；有了宽容，才会去唤醒；有了宽容，才会去教育。

风和日丽

小A同学一天天在变化，脸上的笑容变多了，也爱交谈了。新转来的同学饭卡还没有办好，他主动带着新同学认识校园，分享美味；运动会动员会上，班长说出周末购置计划时，他第一个举手，请缨参与"采购"，发挥美术特长，选择手环时，特意将玫红和银色搭配，显得动感活力；为班级设计班徽时，他建言献策，在班级群里设计多种方案征求大家意见；家长会准备会上，他提议不妨在学生的课桌上用A4白纸书写姓名，这样家长进入教室能一目了然、快速落座，方便查看孩子试卷，掌握孩子的学情。他的转变显而易见，令人感动。

当然，教育不是一劳永逸的，面对繁重的学业、紧张的学习节奏，原本基础就不是很好的他，出现了上课听讲不专心、作业完成质量不高、学习热情不足等问题。要求严格、争胜好强的妈妈第一次动用了"家法"，狠狠地"修理"了他，于"水深火热"中的他失声痛哭，情急之下竟然喊出：我要给黄老师打电话，我要让她救我！小A同学妈妈向我讲述这件事时，她的眼眶红了。感性的我，在那一霎，也不禁心头一酸，也哭了。但这眼泪是幸福、喜悦的泪。只要用心，老师的爱真的能像滴滴甘露，滋润枯萎的心田；真的能像春风，消融冰冻的感情。陶行知说，你的教鞭下有瓦特，你的冷眼里有牛顿，你的讥笑中有爱迪生。爱是尊重，是理解，是信任，是关心，是宽容，是要求，是奉献。

"不是槌的打击，而是水的载歌载舞，使鹅卵石臻于完美。"教育原本就是一种慢的艺术，需要有水滴石穿的耐性，需要留足等待的空间和时间，需要有舒缓的节奏，需要潜移默化的生命成长历程，需要有"静悄悄的革命"。让我们在平时的教育教学中，慢点，慢点，再慢点，耐心等待每一朵花儿的绽放，静心聆听花儿开放的声音。

教育，是一种需要慢的艺术！

静待契机，相信教育的力量

邢秀娟

一、个案描述

他，是我班最我行我素的学生——走路时歪着头故作潇洒，说话时故意说脏字以示不羁；喜欢班里一女生，竟敢高调示爱，还在随笔中和作为班主任的我大谈男女情感问题；虽然其貌不扬，但自认为个人的身材、相貌非常迷人；学习上仅凭个人兴趣付出，成绩处于中下游；没有远大目标，平时跟着班级的节奏还好，一到假期就不会合理安排了，还标榜"开学测试考得差说明我快乐过"。对于他的问题，我屡次劝说、批评、鼓励似乎都不大见效。说实话，我第一次遇见这样的学生，他没有犯什么大错，但他身上的那种"怪气""不正经""自以为是"却是我想改变的。我时刻在等待改变他的机会。

二、原因分析

他父母文化程度不高，平日经营生意较为繁忙，经济上比较富裕。因为无暇照顾孩子，物质上对孩子较为放纵，而精神上对孩子关注较少，所以亲子关系比较紧张。他父母只在开家长会时来学校，平时很少和老师主动交流，偶尔打电话也只是给孩子请假或送东西，对孩子的学习似乎没有任何要求。但他们对孩子参加出国夏令营的计划比较支持，估计想尽早送孩子到海外求学，觉得孩子"成绩一般""个性张扬"都不是什么大的问题。

三、矫正措施

1. 变问题为契机

有一次，为了帮助同寝室的外班同学加量化分，他假装丢了钱包让外班同学捡到，然后装模作样到政教处认领。不料被政教处老师的"火眼金睛"识破，要给他处分。他很害怕，向我承认错误并求情，我第一次见他这么害怕并主动认错，平时他可是对什么都满不在乎。对于他的这次错误，我表面上严肃地告诉他要处分，因为弄虚作假涉嫌欺骗、有违诚信。其实在内心深处我是有些小窃喜的——这个学生平时看上去貌似目中无人，没想到他蛮讲"义气"的。虽然这"义气"狭隘了点儿，但通过这件事我发现了他满不在乎的外表下深潜于内心的善，孺子可教也。我让他做出深刻的书面反省，并在班内宣读，不仅反省这件事，也反省进入班级后不恰当的言行举止，我要治治他的"自以为是"。

2. 变批判为期待

他的宣读反省是在一个周五的班会上进行的，为了显示郑重，我让他叫来了他母亲，这在我们班是不寻常的情况，他对此感到很愧疚。我很少叫家长到学校，尤其在学生犯错的时候，我相信和学生直接交流会比家长的转述更有效果。叫他母亲来，表明他犯了严重错误，因为弄虚作假就是欺骗，有违我班"诚信做人，用心做事"的班训，有违《中学生守则》和《中学生日常行为规范》。在他真诚地读完反省后，我没有再批评他。如果他没意识到错误，批评也没用；既然他已经意识到了，又何必再批评呢？接着，我让他母亲讲了讲对他的期待，让同学自由地谈了他的优点及对他的信任。我看到他眼睛里噙着泪水，这一切让他太意外了，想象中的"批斗会"变成了"期待会"！"人非圣贤，孰能无过？过而改之，善莫大焉。"在这样的期待和信任中，相信他会对自己提出更高的要求。

3. 变急躁为等待

如果不知道"钢铁是怎样炼成的"，那么"恨铁不成钢"是徒劳无益的。教育是慢的艺术，在抓住学生转变的契机之后，老师需要做的是充满信任地等待，效果不会立竿见影但自会表现出来。静待花开须"静"和"待"，有的学生是含苞待放

的花蕾，不需等太久；但有的学生是还未含花苞的花树，需要等待些时日。

四、矫正效果

他还真是发生变化了，尤其是在学习上，原来的随意劲被一种神圣的庄严感代替。他不再貌似潇洒，似乎有了使命感。期末考试，他竟然进步了二十多名，巨大的成就感让他认识到认真付出才是硬道理。更让人欣慰的是，对同学，对老师，他比以前更加温和、有礼貌了，在"自以为是"的外表下，他其实还是在意别人对他的看法的。虽然后来他的状态时有反复，但对于老师的教导显然更容易接受了。我心甚慰，教育的获得感、幸福感在内心升腾。

五、启示和思考

1. 想要教育学生，就必须尊重学生

尊重他们的人格，尊重他们的情感，体谅他们的处境，解决他们的困难，满足他们精神上的需求。所有的教育效果都离不开关系的融洽，尊重是融洽关系的前提。回想第一次当班主任时，我曾经因为学生的错误否定过他们，结果学生走向逆反，教育效果劳而无功，我感到的只有劳累、无奈和无助。

2. 想要教育学生，就必须相信学生

对学生而言，"亲其师，信其道"；对教师而言，对学生的信任也不可缺少。坚信学生内心都有真善美的种子，真善美才能从信任中开出花来。"都是好孩子，只不过会有错误或缺点罢了""是学生有问题，不是有问题的学生"是我对自己常说的话，信任的力量会使学生向你期待的方向发展。

3. 想要教育学生，就必须有耐心

过去我常常是费了九牛二虎之力把一个学生的行为问题矫正了，过了一段时间，学生的老毛病又犯了，一犯不要紧，我就会说："你怎么屡教不改啊！我们前边的努力都白费了！"这样，自己和学生都失去信心了。现在，我认识到在纠正学生不良行为的过程中，反复是正常的，耐心必不可少，"反复抓""抓反复"，我们的工作就是通过耐心教导和帮扶，尽可能减少学生问题的反复。

4. 想要教育学生，就必须学会反省和学习

现在做班主任工作我觉得顺手很多，除了学生的变化，我个人的成长也起到了重要的作用。"失败是成功之母"，现在我的很多成功经验都是对以前失败做法的反思。反思自己的错误，同时"见贤思齐焉，见不贤而内自省也"，我认为这是最快也是最有效的进步方法。身处优秀的集体，身边处处都有高人：他们或与任课老师为善，或对学生严格要求，或对学生循循善诱，或对学生了如指掌，或对学生宽容有爱。种种不同的风格，因为有爱都能产生良好的教育效果。这些都潜移默化地影响了我，促使了我今天的成长。

用心聆听你转身后的落寞心声

徐 琳

"上网也许是他逃避家庭问题、发泄情绪的一种方式。"我一直这样认为。

龙，瘦削的身材，脸上清晰的伤疤似乎在宣告："我就是一个坏孩子。"的确，在很多人眼里，他说谎、打架、上网、逃课，更有甚者——他翻窗进入政教主任的办公室。于是"记过"处分理所当然地重重地"砸"在了他的头上。

中途接班，这样一个人人厌弃的学生，的确让人头疼。我想，不亮出点儿"硬手腕"，他不知道自己几斤几两。

对付这样一个"刺儿头"，硬碰硬恐怕不是好策略。先来个"敲山震虎"吧。于是，我把他叫来，看似轻松地说："以往你虽然有很多问题，我既往不咎，但是我希望你从今天起学会克制自己的行为，不要让我抓着你的'小尾巴'。"他似乎也很诚恳地点头答应。我得意于自己的良策。

然而，好景不长，我从一次纪律整顿中，查出他多次彻夜不眠在网吧玩通宵。我忍无可忍，拿出班主任的"杀手锏"——叫家长！他的妈妈来了，小巧单薄的体态，很容易让人产生疑惑：她能管住孩子吗？果然，"老师呀，他压根儿就不听我的"，妈妈无奈地诉苦。我随口问："那他爸呢？"她支支吾吾不知怎么张口，在我的追问下，再也控制不住情绪痛哭起来。"是我们这个家害了孩子呀！"原来，龙的家是城中村的，早年他的爸爸妈妈搞房地产挣了些钱，但在龙

4岁的时候，他的爸爸开始不务正业。直视父母的争吵、忍受他人的歧视，是龙幼年时的经历。不知道他那小小的心灵承受了多少委屈。我震惊于龙的家庭状况，但我拿不出好的办法解决他的家庭问题，轻声让他回教室上课，没有斥责，没有批评。龙转身离开时，洒下了一路的落寞，我想，我应该用心聆听。

从那次以后，我更多地关注他的生活。他经常胃疼，是因为时常不吃早饭。于是，我一边告诫他不吃早饭的危害，一边给他备好早餐，让他尽量不空腹上课。同学们时常羡慕他："龙，你看老师对你多好，你可得好好学。"他不好意思地低头不语。我想他虽然知道要怎样做，也许不能相信自己能够坚持下去吧。

果然，坚持了半个月后，他又犯错了，还是和几个同学一起旷课去网吧。我把那几个同学分别叫出来，各写各的犯错过程，有几个同学立即承认了自己的错误，可是他却坚持说是去了滨河公园。我没有吵他，郑重地说："在你的检查下面写上'字字真言，绝无半句假话'。"他提起笔半天没有落下，犹豫了片刻才说："我没有去滨河公园，去上网了。"我心中一阵窃喜，他终于敢承认了，要知道在他的犯错历程中他还真的没有主动承认过，除非你抓个现行。我平静地说："你能承认自己的错误，说明你对老师信任，对自己负责，我想你肯定在自责，但是我希望你能够和老师一起寻找解决问题的方法。"于是，针对上网问题，我和他当着他父母的面达成一致，一周内周五可以去玩两个小时，其他时间坚决不能去网吧。网瘾，是许多学生无法克制的，何况像龙这样的学困生，在网络游戏中既能找到自信，又能发泄情绪。强制克制恐怕适得其反，倒不如给他留点退路。他也欣然接受。看到他眼神里充满感激，我想被人关怀的感觉也许可以冲淡他内心的落寞。

九年级上半学期第一次质量检测前夕，每个学生都在奋力拼搏，希望这次考试能够见证自己的蜕变。可是龙却极为反常，每天萎靡不振，时常在课堂上公然入睡。几天后，在批评与鼓励均无效的情况下，我拨通了他妈妈的电话，电话那端虚弱的声音令人心碎："徐老师，我没法活了，所以吃了大量的安眠药，刚被人抢救过来。晚上孩子一个人在家，这几天肯定吓坏了。徐老师，您别吵他，这不是他的错。"震惊、难过、心疼，他是怎么承受这些的？我无法想象。考试过后，他的成绩自然是一塌糊涂。一次课间，我把他叫到走廊里，关切地问他妈妈的身体怎样，并告诉他：你能够承受这么大的生活压力很了不起，你的目标是将来能够成为一个公司的老总，但凡成大事的人都是从磨难中走出来的，相信你一定能够从容面对困难。我没有吵他，相反却给了他鼓励，这令他感到意外。自此以后，他果然很努力，但是我告诫他的妈妈，要注意孩子还会反弹。果然，一个月后，因为基础差，他各科成绩都亮起了红灯，第二次质量检测后成绩依然不尽如人意，他又开始频频去网吧。而此时，各科老师也多多少少地开始批评他，他觉得自己已经无药可救，想要放弃。

我找他谈心，鼓励他，帮他树立信心。我看到他在自己的座位上老是东张西望，于是便把他调到第一排，以便老师能够随时观察到他，纠正他的行为。但我没想到我的这一举动竟让他激动万分。当天晚上，他的妈妈来到家中，我以为学生又在家出了什么问题，谁知，他的妈妈进门便说："徐老师，这是孩子让我来的，他让我捎话给您，他一定会努力学习不辜负老师的期望。您给他调座位，他觉得老师还信任他、没有放弃他。他就在楼下，还说自己前段时间不努力，没脸见您，让您以后看他的表现。"从他妈妈激动的话语中，我似乎看到了一朵花儿在阳光下灿烂地开放，我想他心中的无奈、伤心、落寞应该会少多了吧。

毕业了，他的成绩勉强过普通高中的合格线。似乎他与我之间的师生情谊也随着毕业告终了。可是一个闷热的午后，电话骤然响起，那端嚎啕的哭声让我怎么也想不到是那个感情内敛的他。他恸哭："老师，我突然意识到，等开学再也见不到您和同学们了。我好想念你们啊。"一瞬间，我也哽咽了，好孩子，我又何尝不是呢？

现在，也许他依然会犯错，但是相信在他的世界中一定多了一些阳光，少了一些阴霾；多了一份自信，少了很多自卑。我想，用心聆听学困生的心声，你一定可以发现，他们是多么渴望阳光，需求关怀。也许你的一句话、一个眼神，便足以改变学生的人生！

逆反期学生的青春逸事

倪晓娜

有人曾说过,教育是一把开启想象、启动未来和美好人生的钥匙。那么,作为德育教育的直接执行者——班主任,我们更应该了解青春期学生的特点,深入研究走进学生内心的方法,以便帮助他们更好地成长。下面是我在班主任工作中遇到的几件小事,但却给我带来很多思考和启示……

案例一:李同学与语文老师事件

我们班的李同学是大家公认的聪明学生,成绩在班里处于中等偏上水平,平时和语文老师走得较近,爱开个玩笑之类的,甚至有时还会称兄道弟。这天语文课上,语文老师看他老是跑神发呆,于是就走到他身旁,边讲课边用手拍了一下他的肩膀作为提醒(因为不想影响其他同学听课)。也不知什么原因,他竟然哭了。语文老师当时为了不打扰大家学习并没有停下来,而是在即将下课时又提起此事,并想听听李同学的解释,还说"如果老师拍痛你了,我向你道歉……"谁知还没等老师的话说完,他就爆发了,用手不礼貌地指着语文老师,情绪失控大声哭着说:"你体罚我,我要告你!"老师和同学们当时都惊呆了,觉得李同学的反应太不可思议了。因为平时他和语文老师关系特别好,怎能有这种反应呢?不仅大家无法理解,甚至语文老师也觉得出乎意料,感觉不被尊重,特别生气。

事后,我在调查了解中才知道,他的这种举动与他的家庭教育和成长环境有很大关系。他父母关系不太和谐，且父亲因性格柔弱总被欺负，所以他父亲一直教育他任何时候都不能吃亏，要学会全力维护自己的权利等。但他性格冲动，且过于以自我为中心，误解了父亲的意图，也误解了老师的善意提醒，才有了上述过激行为。鉴于此，作为班主任，我充分发挥了桥梁和纽带作用，先告知语文老师这位同学的特殊情况，争得语文老师的理解与支持；同时，与该学生的家长取得联系，告知其详情和我的建议，统一立场帮助他；之后，我又找这个学生谈心，引导他多换位思考，使他真正认识到自己做法的不妥。他真诚地向语文老师道了歉，还说今后会用实际行动和优异的成绩来回报老师的关爱和信任。对于这个结果，大家都很满意，家长也很感激我，同时该事件对其他同学也起到了提醒和教育作用，一举三得。

事后我的思考：

首先，青春期的学生，成人感和独立意识增强。所以老师在处理问题时，应从他们的心理发展特点出发，时刻考虑到他们的自尊心，采取民主、平等的方式，换位思考，这样可以有效消除学生的逆反心理。

其次，对有逆反心理的学生，不要说教太多，更不能冷眼相待，要克服简单粗暴的做法，否则只会增强他们的逆反心理，导致其自暴自弃，破罐子破摔，最后使老师和学生都陷入困境。

再次，找出他们逆反的原因并对他们提出要求，注意要求要符合实际，以免对其造成心理负担。当他们有进步时，要及时给予肯定，同时有策略地指出他们的不足，增强其自信心，让他们感觉到老师的爱。

从次，沟通也是一个重要途径。遇事多和家长沟通，发挥好家长的作用，会让一些事情处理得更顺畅、完美，不留后遗症。家校联手，让学生在心理上产生认同感，感觉有好多人都在关注他。这无形中会让他对自己的行为进行约束，把自己好的一面展现给大家！

最后，利用班会对学生进行心理健康教育和道德理想教育。帮助学生克服心理障碍，绕过心理误区，战胜性格缺陷，树立正确的世界观、人生观、价值观，以健

康的心态面对老师的教导，面对学习和生活。

案例二：刘同学与历史老师事件

刘同学从七年级时就是我们班思维最活跃、最爱动、上课最爱接老师话的学生。后来和我几次"过招儿"之后收敛了很多，但偶尔还会控制不住自己。这天，刘同学在历史课上再次连续乱接老师的话。他的屡次搞笑之举让老师无法继续正常讲课，历史老师在几次制止无效的情况下让他先离开教室到老师办公室反思。于是当天他回家后给家长说不想上学了，还说历史老师不让他进教室。刘同学的家长不了解事情全过程，气冲冲地来学校给我说了很多这位任课老师的不是，却不从自己孩子身上找原因。虽然后来经过我多次的苦心规劝和协调，最终家长、孩子、任课老师解开了误会，但这件事给我的启示也颇多。

事后我的思考：

首先，在日常教育和管理中，对学生的过错，我们要尽量控制自己的情绪。俗话说"宰相肚里能撑船"，宽容大度是一种长者风范、智者修养。当我们怒气冲天时，切记"金无足赤，人无完人"，何况我们面对的是一群青春期学生。遇到学生犯错时，如采用"硬碰硬"的教育方法，很容易发生冲突，使老师自己下不了台，且会影响自己在学生中的威信。因而，遇事不妨先保持冷静，克制情绪，暂且使用冷处理方法，之后再教育学生使其真正地心悦诚服。这样既不伤害学生的自尊心，又不损我们自己的身心，两全其美的事，我们何乐而不为呢？

其次，在教育中免不了会碰到一些学困生，我们应该全面正确地看待他们，要善于发现他们身上的"闪光点"，及时在全班表扬他们，之后再悄悄告诉他们，老师非常希望他们在学习和纪律方面也能有积极表现。当然，这就需要老师善于观察，发现他们的长处，并增加感情投资，倾注爱心、热情和期望。这样，在他们身上就会产生爱的效应。

总之，我一直相信：用爱能唤醒爱，用情能打动心。作为教师，我们都希望学生有一个良好的习惯，而正处于青春期的他们，犯错和爱出风头是这一时期有时无法控制的"小意外"，所以需要智慧地处理。在未来，我还会坚持用一颗平常心认

真对待每个学生的成长和试错行为，用爱浇灌每一朵心灵之花。多学习，多总结经验，尽自己最大努力用爱与智慧点亮学生的青春时光，为他们未来的幸福人生奠基，做好他们青春期的陪伴者和领路人。

主题班会

你好，新同学

——七年级新生适应新环境主题班会实录

白　露

一、班会活动背景

进入中学，七年级学生不仅要面临学习环境的改变、学习内容的增多，还要面临人际关系的重新建构和对新的文化环境的适应。面对全新的环境，他们往往会感到陌生与茫然，心理缺乏安全感，甚至会产生焦虑。因而，步入中学之后的新生必然会经历一段调整自己原有的认知与行为的过程。新生适应新环境系列班会的开展，有助于学生尽快熟悉中学生活，缩短适应期，减少因适应不良引起的心理问题，为中学生的全面发展奠定良好的基础。

二、班会活动目的

（1）通过班会活动帮助学生较好地熟悉并适应校园各方面环境。

（2）通过班会引导学生正确地与同学友好交往，建立良好的人际关系。

三、班会活动准备

（1）学生制作个人名片，准备一张 A4 大小白纸。

（2）准备 7 张 A4 大小白色卡纸，然后将每一张卡张剪成心形。

（3）制作幻灯片课件。

四、班会活动过程

1. 故事分享，话感悟

分享故事："鳄鱼与恐龙"。

提出问题：恐龙与鳄鱼是同时代的生物，为何恐龙早已灭绝，而鳄鱼依旧存在地球上，且成为地球上最古老的生物"活化石"之一？

学生交流分享观点：鳄鱼更能适应环境，所以才得以繁衍至今！

教师总结：同学们的分享很精彩，可见大家的生物知识很丰富。刚刚还有同学引用了达尔文生物进化论中的观点——"物竞天择，适者生存"。由此，我们看到"适应"一词迸发出的巨大生命力，这个关键词也是我们今天主题班会的核心。

【设计意图】通过简单的生物知识，让学生认识到适应的重要性，进而引入本次班会课的主题。

2. 你好，郑外

（1）画笔展容颜。

互动：请同学们回想开学一周以来，大家的状态怎么样，用简笔画的形式简单描绘自己进入学校后的心情，并与同学进行分享交流。

（随机抽取几个学生的作品进行展示，并请学生分享自己所画内容）

教师总结：同学们进入了自己梦寐以求的学校，内心满是惊喜，满是期待，满是动力！那你对这片哈佛红的了解有多少呢？

（2）学校我熟悉。

通过有奖竞猜形式邀请学生回顾军训时对校园环境的熟悉情况。

1. 学校有几个大门？学校周边的道路名称是什么？

2. 学校有哪些建筑？你最喜欢学校的哪个地方？

3. 教务处、政教处、总务处、医务室、实验室、报告厅、音乐厅、图书阅览室位置在哪里？

4. 语文、数学、英语、道德与法治、历史、生物学、体育、劳技、美术、微机、音乐，这些学科老师的办公室在哪里？

【设计意图】本环节从学生入校一周的心情描绘出发，及时获取大家对初中生活的适应情况，并能从课堂中察觉到部分学生的压力、情绪的改变。

3. 你好，新同学（以活动体验为主）

活动目的：为学生提供交往的机会，促使全班学生尽快互相认识与了解，增强学生对班级同学的情感和班级归属感。

活动步骤：

（1）展示个人名片。

①将提前制作好的个人名片挂在胸前。

②全班学生随意走动，可以互相观看名片，并与交换名片的学生自由交谈。

（2）找伙伴。

①教师将全班同学随机分成7个小组，每组8—9人。拿出提前准备好的心形卡片，然后把每个心形卡片按小组人数随意剪成几块，在每一块上面写上一个学生的姓名。

②教师把准备的纸片发给学生，要求学生按照纸片的形状寻找自己所在的小组，直到小组的成员聚齐为止。

③小组成员互相介绍自己的姓名、家庭住址、原来所在的小学、自己的兴趣爱好等。

（3）采访新同学。

①教师采访一个小组成员，然后由这个成员采访另一个成员，如此反复进行，直到小组成员都被采访。采访内容主要是姓名、兴趣爱好等个人情况。

②自由采访。学生可以打破小组限制，随意采访班里的学生。

（4）读写姓名。

①要求学生写出班里其他同学的姓名。

②小组讨论容易写错与读错的学生姓名。

③各小组派代表在全班交流。

【设计意图】通过开放式体验活动，学生动了起来，沉浸式体验与新同学相互交流的快乐。通过这四个活动，同学们对彼此的了解更加深入，也为以后班级内的良好人际交往打下基础。

4. 适应环境，我最棒

（1）案例分析：我来出主意。

教师引导：开学第一周，我们都在熟悉着彼此，相信通过刚刚的活动，大家对身边的同学有了更深刻的印象。在这一周里，老师私下也和同学们进行了交谈，发现有一部分同学因为环境改变后，出现了些许情绪上的波动，有些同学觉得压力大，有些同学不够自信，有些同学则很沮丧……利用今天这个班会时间，大家可以匿名在白纸上写一写自己入校后最不适应的三件事。

收集整理学生反馈的问题，并将这些问题穿插分发到各个小组，请同学们分析交流并给出具体的解决措施。

学生分享的解决措施有：心态上找准自己的位置，学习上探索自己的学习方法，生活上独立、坚强，为人处世谦和大方，生活态度积极乐观，互敬互重合作前行。

（2）学习校规：规则我遵守。

俗话说："没有规矩，不成方圆。"为了让学生更好地适应并融入初中生活，本节班会课的最后时间带领学生共同学习学校发放的《郑州外国语中学班级量化管理细则解读》。

【设计意图】本环节主要有两大目的：一是解决学生的不适应问题；二是明确学校的规章制度，在学校管理制度这一外在框架引导下，让学生在交流分享中能找到适合自己的调整方法，从而更好地适应初中生活。

五、班主任总结

亲爱的同学们，我们每个人都是班级的主人，我们的一言一行都与班级荣辱与共，因而老师相信，我们每个人都会在1班这个多姿多彩的大舞台上施展自己的才华，扬长避短，与人为善。老师更相信，班集体会因你而熠熠生辉，初中生活会因你而丰富充实，生命会因你而绚丽夺目。

"我不去想是否能够成功，既然选择了远方，便只顾风雨兼程。"新的起跑线，我将同大家一起出发，做大家永远的后盾！

六、班会活动反思

这节班会课从类型上来看属于心理健康教育辅导专题，其后续还有初中学习方法适应专题、初中人际交往专题、初中阶段目标的设立专题等。本节课的教学成果需要在班会课后进一步巩固，需要学生能将在班会课中学到的知识与技能应用到实际生活当中去。所以，班会课之后，可以留一些有针对性的作业，例如：记录我的努力，与家长分享学校趣事，鼓励自己每周问任课老师一个问题……教师则要通过问卷调查、学生自我反馈、家访等形式了解学生对初中生活的融入情况。

老师尤其是班主任应努力创造融洽的班级气氛，使学生在班级团体中感到温暖和安全，同时，班级成员之间要相互尊重、相互关心。唯有多方共同努力，用心用情用功，才能使学生更快更好融入校园新环境！

家校合力，共育成长

刘紫薇

一、班会活动背景

此次班会于 2022 年 11 月召开。当时，学生上网课已有一个月，学生虽已适应网课的节奏，但根据班主任的观察和与多位家长的沟通，发现部分学生出现浮躁心理，有些家长也出现焦灼的情绪。因此，班主任拟定"家校合力，共育成长"的班会主题，旨在为亲子沟通、家长间经验交流以及家校合作搭建一个适时、有力的平台。

二、班会活动目的

（1）动员家长，发挥网课期间家庭教育的主体作用。

（2）促进家长之间交流分享有效的家庭教育做法与经验。

（3）培养学生的感恩之心，为亲子沟通助力。

三、班会活动准备

（1）与值日班长沟通，策划班会活动方案。

（2）确定主持人，撰写主持词。

（3）制作班会活动课件。

（4）邀请两位家长代表就网课期间家庭教育的有效做法准备发言稿。

（5）邀请一位家长和一个学生就亲子交流的有效做法准备实例展示。

（6）向家长发布两则通知：

①提前给孩子写一封信，并告知家长写信的目的与内容要点。

②邀请家长积极参与本次班会活动。

（7）班主任准备发言稿，就学生的阶段性网课表现进行总结，对家庭教育的有效做法梳理归纳，对家校合作的模式提出新的要求与希望。

四、班会活动过程

1. 爸妈陪我上网课

（1）学生分享并交流以下问题。

①网课期间，你的爸妈是如何陪伴你上网课的？

②网课期间的哪些瞬间以及你爸妈的哪些言语、行为令你感动？

③你想对你爸妈说些什么？

（2）学生分享实录。

学生A：网课期间，我妈妈一直陪伴着我。她不仅照顾我的饮食起居，而且对我的每项作业都认真检查。有她在，我觉得上网课还挺开心的。

学生B：有一次我的一项作业漏掉了。原以为爸爸会责备我，但令我惊讶的是，他非但没有责备我，还耐心地安慰我不要着急，认真完成后补交就好。那一刻，我觉得很安心。

学生C：我想趁这个机会对我的爸爸妈妈说声谢谢。开学以来，我的学习有进步，这离不开爸妈对我的支持与鼓励。

2. 网课期间家庭教育经验分享

（1）家长代表就网课期间家庭教育的有效做法发言。

家长代表A：张××妈妈

发言题目：自我修炼的网课时光

内容要点：1.做好后勤保障工作，从容面对；2.降低心理预期；3.家长自我充电，向优秀者学习；4.做一个优秀的听众和同伴。

家长代表B：李××爸爸

发言题目：感恩相遇　家校携手　共促成长

内容要点：1.做好高质量的陪伴；2.关注孩子的心理变化；3.督促孩子坚持锻

炼身体；4.引领好孩子的家国情怀教育。

（2）亲子交流的有效做法实例展示。

此环节中，请一个家长和一个学生简短呈现亲子交流活动的开展方式，以供其他学生和家长借鉴。

示范者：学生及其家长。

活动形式：家长课堂，即家长与孩子互相提问并作答。

活动目的：通过每天15分钟左右的亲子交流，家长及时把握孩子的动态，洞察其心理状态，帮助其疏解不良情绪。交流话题可包括近日学习内容、学校趣闻逸事、学习想法与感受、身心状态、困难与困惑、阶段性反思、自身进步、学习榜样、目标制订、人生规划等。

活动过程展示：

第一步，家长提问孩子。

问题一：你是如何规划初中阶段的学习时间的？

孩子答：1.课内作业：利用所有的碎片时间，争分夺秒，尽早完成作业，做好预复习。2.自学类作业：适度超前自学初高中课本知识，尤其是数学、物理、化学三科。3.个人素养类作业：坚持每天背诵单词、练字、阅读中英文报纸和书等。

问题二：你学习的初心是什么？

孩子答：科技自立自强是大国创新发展的必由之路。我想努力学好数学，将来从事芯片研发相关领域的工作。魏源在《海国图志》中提出"师夷长技以制夷"。在他看来，"师夷"是手段，"制夷"是目的。所以我还要努力学好英语、语文等学科，看懂外国文献，兼收并蓄、自主创新，做祖国科技发展的螺丝钉。

第二步，孩子提问家长。

问题一：如何能够快乐地学习？

家长答：一是共同营造快乐的家庭教育环境、书籍环绕的学习环境、团结和睦的亲情环境和舒适卫生的生活环境。二是快乐学习有四个秘诀：1.细化并动态管理自己的学习目标。2.保持好心情，学会自省、自嘲、自奖。3.提高学习效率，专注听课，

保证睡眠。学习的竞争归根到底是时间的竞争。4.学习的过程就是学习—遗忘—重复—遗忘—重复的过程。要多看书，多请教老师和优秀的同学，养成良好的学习习惯。

问题二：如果我长大了只是个普通人，你会失望吗？

家长答：你我皆凡人，谁不是这世上的沧海一粟？你只管努力前行，看淡结果，我只会看你快不快乐，活得有没有意义。爸爸妈妈永远不会对你感到失望。

3. 孩子，爸妈有话对你说

家长提前给孩子写一封信并读给孩子听。

（1）写信的目的。

家长对孩子网课期间的综合表现进行总结。采用"以小见大"的方式，通过对孩子可圈可点的网课表现进行表扬和激励，增强孩子的学习信心，提升孩子的学习动力。

（2）书信的内容要点。

主旨1：上网课的你，累并快乐着。

总结孩子的网课表现（可圈可点处、仍需改进处）。

主旨2：我眼中的你，是个初中生的模样了。

总结孩子进入初中以来的改变，包括生活和学习状态、学习习惯与方法养成、思想态度与价值观建立等方面。

主旨3：妈妈/爸爸想要对你说。

对孩子的初中生活写下寄语，尤其对孩子网课期间的表现给予肯定与支持。

4. 班主任总结发言

班主任就此次班会开展的目的、意义和效果进行总结，对下一步网课期间的家校合作提出新的要求和希望。班主任发言实录如下。

各位同学、家长：

大家好！

之所以想到"家校共育"这个班会主题，是因为在网课期间，每天陪伴在同学们左右的是你们的爸爸妈妈，是你们的家人。

经常感动于各位家长对孩子的悉心陪伴，陪伴孩子起早贪黑，严格执行每日安排表；也感动于家长在学科群中与孩子一起提问激疑，探索新知；赞赏家长细致地保证孩子的每一项作业质量；也感恩家长在一项又一项的"通知""提醒""收到请回复"后，积极响应与执行。这就是家校合力所产生的力量。

同学们，在听罢爸爸妈妈给你写的这封信之后，你是否对父母的爱有了更深一层理解？你是否懂得了家的含义？因为有家人的爱作支持，我们方能心中有热爱，眼里有光芒，脚下是正道，生活亦芬芳。

借此班会，我也对各位同学和家长提出几点期望。

第一，在生活中，如果同学们不知道怎样做好一件事，请家长以身作则，进行示范，因为身教大于言传。

第二，在学习上，如果同学们遇到了困难，请仔细分析原因，并思考自己能否独立解决此问题。如果不能，应及时向家长寻求帮助。

第三，遇到问题时，争吵与呵斥并不能解决问题，希望家长与孩子心平气和地沟通，与孩子共渡难关。

第四，苏联教育家苏霍姆林斯基曾说，人类之爱是强大的教育力量。家庭，是人生的第一所学校。这所学校被爱包围着。这种爱是彼此相信的、温柔的，且是严格要求的。如果把家庭教育比作植物的根苗，那么根苗茁壮才能枝繁叶茂、开花结果。优良的学校教育是建立在优良的家庭教育根基上的，家庭教育是一门真正的培育人的科学。

希望各位同学在接下来的网课学习中严格要求自我，在学习之余，不忘与家人多互动、勤沟通。同时希望各位家长在今天的班会活动中有所收获，在接下来的生活实践中，多尝试"家长课堂"这类有效且有趣的亲子教育模式。我相信，家校的合力是无穷大的。为了孩子的健康成长与全面发展，我们一路同行，再接再厉！

五、班主任总结

此次主题班会取得了较好的德育效果。两位家长代表的家庭教育理念分享和"家长课堂"这一创新型的亲子交流活动展示有助于各位家长及时更新教育理念，采用多样化的教育方式开展家庭教育。"孩子，爸妈有话对你说"这一互动环节则为亲子交流提供了契机，有利于培养学生的感恩之心。最后班主任的总结为家校合作指明了方向，将家长的力量汇聚成班级凝聚力。

不过，德育是一个"润物细无声"的过程，其效果具有隐性特点。班主任应及时跟进，保障德育效果的进一步落实，善于发现班级中的典型问题，从而更有针对性地设计、开展主题班会。

请党放心，强国有我

郭世秦

一、班会活动背景

新时代少先队员要把"学党史、强信念、跟党走"学习教育作为当前和今后一个时期的首要政治任务。为深入学习贯彻习近平新时代中国特色社会主义思想主题教育，号召广大少先队员把个人的理想追求融入党和国家事业之中，让个人成长与时代发展产生强烈共鸣，校团委决定组织开展"请党放心，强国有我"主题活动。本次主题班会正是积极响应校团委的号召，积极落实活动精神的主题实践活动。

二、班会活动目的

（1）对比新老郑州的照片，让学生直观感受郑州日新月异的变化，深入了解在中国共产党的领导下中国人民锐意进取，取得的伟大发展成就，进而深刻认识到中国共产党是中国特色社会主义事业的领导核心。

（2）观看党的百年奋斗视频，让学生深入了解中国共产党领导中国人民从新民主主义革命到社会主义建设的奋斗历程，深刻认识到没有共产党就没有新中国，就没有现今繁荣昌盛的社会主义事业和中华民族的伟大复兴。

（3）通过学习习近平总书记对少先队员的殷切希望和深情嘱托，结合实际生活谈谈做法，帮助学生树立正确的人生观和价值观，培养学生"知行合一"的品质。

三、班会活动准备

（1）确定主持人1名。

（2）确定领唱1名。

（3）制作幻灯片。

（4）制作时间树和誓言卡。

四、班会活动过程

1. 唱《中国少年先锋队队歌》

主持人：敬爱的老师、亲爱的同学们，大家好！百年峥嵘岁月，恰是风华正茂。在中国共产党的领导下，无数先辈艰苦奋斗，锐意进取，不怕牺牲，英勇斗争，为我们开辟了一条具有中国特色的发展道路，走在实现中华民族伟大复兴的历史征程上。展望未来，先辈的精神需要新时代少先队员继承和发扬。

活动进行第一项，唱《中国少年先锋队队歌》，由张××同学指挥领唱，全体起立。

（合唱完毕）

主持人：请坐下。歌声唱响了我们的心声，作为共产主义接班人，我们时刻准备着！

2. 观看家乡变化，感受时代变迁

主持人："露从今夜白，月是故乡明。"家乡是我们永久的牵挂。我们生长在郑州这片沃土上，它孕育了一代代英才，见证了祖国的发展变化。下面有请我班中队辅导员老师，带我们观看家乡变化，体会时代变迁。

辅导员：同学们好。今天在座的同学都是哪一年出生的？

（有的说2010年，有的说2009年）

辅导员：是的，同学们出生的时代，是我们伟大祖国实现经济高速发展、取得伟大成就的时代。同学们所熟知的郑州也是一个繁荣开放、欣欣向荣的现代化大都市。老师想问问大家，你知道新中国成立初期和20世纪末的郑州是什么样的吗？

（同学们摇摇头，面面相觑）

辅导员：大家想不想去看一看呢？

（同学们齐声回答：想）

辅导员：今天同学们一起坐上"时光穿梭机"，跟随老师看一看 20 世纪的郑州与今天大家熟知的郑州有什么不同。

（第一组图片：20 世纪 50 年代的幼儿园孩子合影和现在的幼儿园孩子合影）

辅导员：对比两幅照片，同学们发现照片中孩子们的衣着有什么变化吗？

学生 A：过去的孩子们每个人都穿着白色的"小裙子"，而现在的孩子们没有穿。

辅导员：是的，这个"小裙子"叫作"罩衣"。因为在那个年代，物资相对匮乏。孩子们的衣服很少，在幼儿园弄脏了没法换洗，所以老师会为大家穿上这样的罩衣防止弄脏衣服。而现在家家户户的孩子基本都实现了"穿衣自由"，换洗衣物非常方便，所以孩子们穿得就丰富多彩了。

（第二组图片：20 世纪 50 年代的郑州市人民公园和现在的人民公园）

学生 B：现在的人民公园与 20 世纪 50 年代的人民公园相比，有了更多的绿植，也增加了许多游乐设施。

辅导员：是的，人民公园的变化体现出了郑州人居环境的提升。

（第三组图片：20 世纪六七十年代的河南人民剧院和现在的位于郑东新区的河南艺术中心）

（第四组图片：20 世纪 90 年代郑州的电影院和现在的万达影城）

辅导员：在过去，由于经济发展水平有限，人们的文化艺术生活相对贫乏，文化娱乐设施落后，享受文化艺术的机会也是很少的。现在，以河南艺术中心为代表的文化设施都很先进、健全，郑州人民的文化生活日益丰富，生活质量日趋提高。

（第五组图片：20 世纪 80 年代的二七广场和今天的百年德化步行街）

（第六组图片：20 世纪 50 年代的郑州火车站、20 世纪 90 年代的郑州火车站和今天的郑州东站）

辅导员：商业街由"路边摊"到栉比鳞次、灯火辉煌的店铺，由无序的狭窄市场变为集餐饮、娱乐、购物于一体的商业文化综合体，体现了改革开放后，郑州经

济欣欣向荣的发展成果。火车站规模的不断扩大，高铁等先进技术的发展，提升了郑州的交通运输能力，现在的郑州已成为全国重要的交通枢纽城市。

由郑州的变化我们看到了国家的变化。一个国家选择走什么样的道路，就决定了它会有什么样的命运和前途。几十年弹指一挥间，我国可谓旧貌变新颜。我国的综合实力增强，我国的国际地位提高，我国人民的幸福指数也不断攀升。请大家思考一个问题，是谁让我们的生活发生了翻天覆地的变化？

（学生齐声回答：中国共产党）

辅导员：对，正是在中国共产党的领导下，全国各族人民紧密团结，锐意进取，才能取得如此辉煌的成就。同学们，你们生在红旗下，长在春风里，有幸成长在这样一个伟大的时代，享受着前人无法想象的发展成果。大家是否知道，我们今天的富足是怎么得来的？经历了怎样艰苦卓绝的过程？下面请观看视频回顾一下党的奋斗过程。

3. 观看视频，回顾奋斗历程

（观看视频）

辅导员：同学们，没有共产党就没有新中国，没有共产党就不能发展中国。伟大领袖毛泽东同志曾在《七律·到韶山》中写道："为有牺牲多壮志，敢教日月换新天。"我们今天的美好生活正是一代又一代中国人，在中国共产党领导下矢志不渝奋斗出来的。在这一过程中，中华儿女尽显英雄本色，艰苦奋斗，锐意创新，最终"萧瑟秋风今又是，换了人间"。在这一过程中，我们感受到了中国共产党发展壮大以来的艰辛与不易。

同学们，你们是八九点钟的太阳，是社会主义建设者和接班人。你们更要学习党的光辉历史，继承党的优良传统，牢记领袖嘱托，做新时代少年。

主持人：请大家齐读习近平总书记致中国少年先锋队建队70周年的贺信中对我们的嘱托。

（学生齐读）

主持人：同学们，习近平总书记曾要求我们要"知行合一"，大家在日常生活

中应该怎么做，才能真正落实领袖的嘱托呢？

学生C：我们要好好学习，锻炼身体。

学生D：我们从小要树立远大理想，同时，将个人的理想与国家的理想结合起来。

……

主持人：感谢大家的分享，大家谈得都非常贴切，相信同学们这个时候都有很多的感悟。下面请各位同学把自己的所思所想写在事先发给大家的誓言卡上，用郑重的态度记录下自己作为新时代少年的心声。请辅导员老师和学生代表李××和郭××同学一起，将我们的誓言卡悬挂在时间树上，让我们在时间的见证下，不忘初心，砥砺前行。

（同学们在誓言卡上写好感悟，班委同学负责收集，辅导员和学生代表进行悬挂）

同学们，我们是祖国的未来，是民族的希望。心系家国，奋进拼搏是我们不可推卸的责任。请各位同学能够牢记今天的誓言，从小事做起，从每一天做起，规范自身行为，培养高尚情操，坚定理想信念，为中华民族的伟大复兴而读书，不负时代，不负韶华。

最后，请大家一起重温入队誓词。请全体起立，大家举起右手。

（主持人领誓，全体学生宣誓）

主持人：请同学们牢记誓言，奋勇向前。"请党放心，强国有我"主题班会到此结束，谢谢大家。

五、班主任总结

爱党爱国主题教育，是学校德育教育最重要的一环。身为班主任和班级的中队辅导员，我肩负着帮助孩子"扣好人生第一粒扣子"的重大责任。

通过本次班会主题活动，学生从身边熟悉的场景入手，切身感受到在党的领导下，我国各项事业发生了巨大变化并取得了骄人成绩，从而树立起爱党爱国之志。

通过学习领袖嘱托，并结合学生自身实际，培养学生投身祖国发展、争当新时代少先队员的使命感和奋发进取、"知行合一"的品质，帮助他们成长为能够担当民族复兴大任的时代新人。

回望成长之旅，常怀感恩之心

林 倩

一、班会活动背景

进入青春期，许多学生和父母之间会产生这样那样的矛盾，极需要一个教育契机，引导学生学会感恩，学会与父母好好沟通。

二、班会活动目的

（1）对学生进行情感教育，让学生能更好地理解父爱、母爱，学会和父母沟通。

（2）家校共育，共同解决学生不同学习阶段出现的问题。

（3）由身边最亲近的人推广到更大的范围，让学生把感恩铭记于心，走向未来人生路。

三、班会活动准备

（1）资料搜集：搜集一些打动人心的感恩视频、文章、歌曲等。

（2）调查访问：学生现阶段的亲子关系现状。

（3）选取代表：分享文章代表、分享个人感受代表。

四、班会活动过程

1. 导入活动

师：人生如海，我们是一叶被庇护着但渴望去搏击风浪的小舟。我们目视前方，记得为何出发，却总在不经意间忘了从何处出发，忘了那个给我们停泊、庇护、温暖的港口。所以，前行的同时，别忘记回头看一看，看一看自己的成长之旅，看一看在港口伫立凝望我们的人，以一颗感恩之心回赠他们。

（教师通过引导学生说一说父母送自己上学的情景以及和父母分开时的感受，进而引入要讲的内容）

教师总结：其实，我们成长的过程，是一个和父母渐行渐远的过程。无论我们心理上是否愿意，在时空上，我们都是在渐渐远离父母的。回头看看你成长的那条路，路上有父母的期许和爱，趁一切都还来得及，和他们说一句"我爱你们"，道一声感谢。回望成长之旅，常怀感恩之心。

2. 当青春遇上管束

活动1：评价一下进入初中之后，你和父母之间的关系。

（学生回答：矛盾重重；一如既往和谐友好；比较淡漠，沟通较少……）

活动2：当你和父母产生了矛盾或有争执的时候，你的内心感受如何？

（绝大多数学生回答：父母和他们之间有代沟，父母不能够很好地尊重他们、理解他们）

教师总结：我们口口声声抱怨父母不理解我们，那我们是否了解乃至理解我们的父母呢？

3. 我们了解父母吗

活动1：观看视频《你是不是父母的陌生人》。

教师：看完视频，你有怎样的感受或感悟？

（同学们纷纷回答：感觉父母对孩子了解得非常细致、深入，有很多话对孩子说；但是反观孩子，对自己的父母却知之甚少，没太多话可谈）

教师：是啊，我们常常说要感恩父母，可是我们却连最起码的了解父母都没有做到，却还在一味地抱怨着父母不理解我们、不尊重我们。

孩子们，你们是否也像视频当中的子女一样，对自己的父母知之甚少呢？我们来做一个小测试吧，看一看你对自己的父母是否了解，了解多少。

活动2：问问自己（填写《"我了解父母吗？"调查表》）。

"我了解父母吗？"调查表

1. 你知道父母最喜欢的食物吗？
   A. 知道   B. 不知道
2. 你知道父母最喜欢的动物吗？
   A. 知道   B. 不知道
3. 你知道父母最喜欢的电视节目吗？
   A. 知道   B. 不知道
4. 你知道父母最喜欢的休闲活动吗？
   A. 知道   B. 不知道
5. 你知道父母的生日吗？
   A. 知道   B. 不知道
6. 你在节日送过父母礼物吗？
   A. 送过   B. 没有
7. 你知道父母的鞋码吗？
   A. 知道   B. 不知道
8. 你知道父母最近的心情如何吗？
   A. 知道   B. 不知道
9. 你了解父母最近的身体状况吗？
   A. 了解   B. 不了解
10. 你对父母的工作了解吗？
    A. 了解   B. 不了解
11. 你有没有发现父母开始变老了？
    A. 有   B. 没有

教师：填完问卷调查，你的内心感受是什么？

（有学生说：我发现这11个问题我居然只能答出来一半，原来我是那么不了

解自己的父母啊）

教师：是啊，不知不觉，我们身边最熟悉的人，居然成了我们生活里的陌生人。这是一件多么可怕的事情啊！感恩父母，从了解父母、理解父母开始！

4. 让我们从"心"开始

（学生分享小故事并畅谈感悟）

（1）故事一——《奇迹的名字叫父亲》（学生A分享）。

学生A：同学们，听了这个故事你有怎样的感想？

（有学生说：这个奇迹啊，需要我们擦亮眼睛，用心、用情才能看懂。父母之爱是那么深沉厚重，它总是隐藏在一切表象的背后，不想让我们那么直接地探查到。因为父母之爱从不是为了求得回报，而是为了全心付出）

贴士一——了解父母，从"心"开始，擦亮眼睛。

（2）故事二——《妈妈爱吃鱼头》（学生B分享）。

学生B：同学们，听了这个故事你有怎样的感想？

（有学生说：原来爸爸妈妈生活里的那些话还可能有别的含义，那些善意的谎言里也有着父母深沉的爱，我们要学会倾听，更要学会思考）

贴士二——了解父母，从"心"开始，学会思考。

（3）故事三——《把碗留给母亲洗》（学生C分享）。

学生C：同学们，听了这个故事你有怎样的感想？

（有学生说：原来父母在我们面前也是渴望有存在感的，而他们的存在感就是毫无保留地向我们表达他们的爱。让他们的爱有出口，就是对父母的爱最大的尊重和理解。所以，从今天起，我再也不会拒绝妈妈的一杯牛奶、爸爸的一次抚摸了……因为那都是他们爱我的表达啊，让他们能够尽情地表达对我们的爱，也是一种孝顺）

贴士三——了解父母，从"心"开始，尊重满足。

5. 让我们从"行"入手

"记忆中的小脚丫，肉嘟嘟的小嘴巴，一生把爱交给他……"这是歌曲《时间都去哪儿了》里的歌词。在不知不觉中，我们长大了，父母也变老了，时间经不起等待，

感恩父母，要从现在开始，从行动入手。

（播放歌曲：王铮亮的《时间都去哪儿了》和筷子兄弟的《父亲》）

教师：你打算做些什么来表达对父母的感恩之情呢？

（有学生说：我打算今天晚上回去就为工作劳累一天的父母倒一杯水，给他们揉揉肩，讲讲我在学校里的趣事；为他们分担一些力所能及的家务；学会节约，不浪费父母的劳动成果，夸妈妈今天做的饭真好吃；我会给爸爸妈妈写一封信，说说那些我心里隐藏已久的、没有对他们说出来的话……）

教师：其实，孩子们，老师今天想以一个师者和母亲的双重身份告诉大家，父母从来没有期望过你们为他们做些什么……他们的所盼所求，不过是你们健康平安地长大！《愿你慢慢长大》一书中这样写道：

我所希望的只是，在成长的过程中，你能幸运地找到自己的梦想——不是每个人都能找到人生的方向感，又恰好拥有与这个梦想相匹配的能力——也不是每个人都有与其梦想成比例的能力。

…………

小布谷，愿你慢慢长大。

愿你有好运气，如果没有，愿你在不幸中学会慈悲。

愿你被很多人爱，如果没有，愿你在寂寞中学会宽容。

愿你一生一世每天都可以睡到自然醒。

教师：父母之爱无私且伟大！但我们，不能选择心安理得地接受。我们能为父母做的其实就是如他们所愿：健康平安地长大，找到自己的梦想；充实地成长，为梦想全力以赴；快乐地奔跑，对生活永远充满热爱和希望。长成一棵蓬勃的小草，抑或是一棵参天的大树，只要永远向上，记得脚下的土地，就是对父母的感恩与回报。

今天的班会已经渐近尾声了，也许我们仍旧不够了解我们的父母，但是我相信你会开始尽力去了解；也许我们仍旧会有观念上、话语上的冲突，但是我相信你会开始尽力去理解。你一定会开始为了父母，做些什么的。

感恩父母只是一个起点，这个世界上还有太多值得我们铭记的人。愿大家都拥

有一颗时时回望、常常感恩的心。它会提醒我们在这个世界上有人爱着我们，也会提醒我们去爱他人。今天的班会课就到这里，同学们，再见！

五、班主任总结

这个年龄段的学生，其实拥有一颗柔软的心、一张羞于表达的嘴以及一份迈出去正视问题的勇气。通过这次班会课，我发现有很多孩子其实错误地理解了亲子之间的关系，他们以为父母和自己之间就是要求与被要求的关系，总觉得父母不理解他们，其实反问他们是否了解父母的时候，他们是很震惊的，甚至有学生说："老师，调查问卷能发给我一份吗？我想用同样的问题，问问我的爸爸妈妈。"

看吧，其实一点点刺激和提醒，他们就能发现问题。而班会教育的目的并不只是让整个班级有多好，多拿流动红旗，多考出优异的成绩，更应该是教育出一个个善良可爱的学生个体——他们会在莽撞的青春里停下来，看看身边的他人，会对他们说"对不起"和"谢谢"，这才是班会教育的魅力与班主任的幸福所在！

打败情绪"小怪兽"

关 瑞

一、班会活动背景

八年级的学生进入了青春期，身体激素的作用让他们觉得自己已经长大。同时由于思维能力和自我管理能力的局限，他们常处于主观愿望和客观现实的矛盾中，这些都会导致他们在情绪方面产生巨大波动，如果缺乏有效的调整和控制，就会影响学生的身心健康，波及生活与学习状态。因此，帮助学生了解各种不良的情绪，并掌握有效的控制情绪的方法，在八年级的德育工作中就显得尤为重要。

二、班会活动目的

（1）通过"情绪对对碰"活跃课堂气氛，导入主题，引导学生领悟生活中各种各样的情绪，帮助学生正确认识情绪问题。

（2）通过"我的情绪'小怪兽'"帮助学生了解青春期阶段常见的消极情绪，意识到消极情绪带来的危害和影响。

（3）通过"情绪能量站"引导学生思考情绪"小怪兽"产生背后的原因，找到不良情绪与青春期困惑之间的关联，帮助学生收集调节情绪的方法，培养情绪管理意识。

三、班会活动准备

（1）学生分组，在讲台附近准备活动场地。

（2）准备欢快的背景音乐。

（3）准备红色和蓝色的卡纸。

四、班会活动过程

1. 情绪对对碰

教师：进入八年级，大家又开始了新的体验。青春期会给我们带来新的蜕变，也会给我们带来新的困惑和烦恼，这都是成长的必经之路。在开始今天的主题内容之前，我们先邀请几个同学进行一项挑战。

（1）活动规则。

①6人或8人一个小组，每组挑选出一名代表，在教室的前面手拉手围成一个圈，记住各自左右手相握的人。

②播放欢快的背景音乐，大家放开手，随意走动，音乐停，脚步停止，与就近的伙伴形成一个新的圆圈。

③找到原来左右手相握的人分别握手，形成一个打了很多结的"手链"。

④要求在手不松开的情况下，用各种方法，如钻、套、转等将交错的"手链"解开。

⑤限时5分钟。

（没有解开也可以，向学生说明下课可以继续挑战，告知学生时间充分是可以解开的）

（2）活动分享。

①从参与活动的同学中选两个代表谈谈自己的感受。

②请观看活动的同学分享自己的感悟。

丰富的情绪体验包括：参与活动的愉悦，面临时间催促的紧张，成功打开结的骄傲、快乐，感受到集体的团结，没有打开结的遗憾、后悔、难过、懊恼和失落等。

教师总结：生活中我们会经历丰富的情绪体验，积极的情绪让人身心愉悦，消极的情绪在生活中也少不了。消极的情绪化身为我们成长中的烦恼，就像游戏中的结。有些结是自己主动形成的，有些是被动形成的，这些结给我们带来压力和困惑，影响着我们的学习和生活。如果没有科学的方法，越着急解开反而越容易出错，我们需要做的是"抽丝剥茧"，冷静下来，正确地认识情绪，思考问题的症结，用有效的方法慢慢地解决。

2. 我的情绪"小怪兽"

（1）活动内容。

①小组讨论：常见的不良情绪和表现有哪些？

②小组分享：用红色的彩纸记录下不良情绪的危害，班内交流展示。

③班长汇总并记录情绪"小怪兽"，大概分为以下几种。

第一，自我否定。感觉压力大，自卑，自我评价低。

第二，焦虑紧张。害怕考试，害怕竞争，父母和老师期望值高。

第三，抑郁沮丧。敏感，不喜欢参加集体活动，不想与他人交流。

第四，情绪急躁。爱冲动，易躁易怒，容易分神，不能集中注意力。

（2）活动成果。大家讨论情绪"小怪兽"给我们的学习和生活带来的影响，共分以下几个方面。

①影响身心健康。消极的情绪会诱发各种疾病，影响我们的身体健康，同时也会对我们的性格产生很大影响。

②影响学习效率。情绪影响认知，良好的情绪会激发我们的思维，消极的情绪会影响思维的灵敏度和专注度。

③影响人际交往。积极的、稳定的情绪是发展良好人际关系的重要条件，消极的情绪会导致家庭矛盾、与他人的对立和冲突。

教师总结：成长中的情绪体验是多种多样的，进入八年级，学业压力的增加，人际关系处理不好……这些都会导致情绪"小怪兽"的出现。有句话说：坏情绪致命，好情绪疗伤。那让我们一起找出情绪"小怪兽"产生的原因，共同消除这些情绪"小怪兽"对我们的影响。

3. 情绪能量站

（1）活动内容。

①将上一个活动中归纳出来的四类常见的情绪"小怪兽"，用红色的卡纸做成题签，每组抽取，讨论产生这种情绪背后的原因。用蓝色的卡纸收集积极的情绪能量，讨论消除消极情绪的办法。

②小组交流，班内展示。

③班长记录。

（2）活动分享。

①情绪产生的原因。

第一，自我否定。青春期自我意识增强，当理想中的"我"的表现与实际有差距时，会产生情绪上的低落，进而自我否定。

第二，焦虑紧张。在意结果和他人的看法，自我期待值较高，不能平和地接受自己的不足。

第三，抑郁沮丧。面对困难，缺乏面对的勇气和处理的能力，有侥幸心理和急于求成的心理。

第四，情绪急躁。青春期的荷尔蒙和强烈的自尊心造成情绪波动较大。

②应对情绪的方法。

第一，正确看待自己情绪的变化。接受情绪，认清情绪，学会评估自己的情绪。情绪"小怪兽"的出现是成长的信号。对待消极情绪不回避，也不夸大，做好评估和应对。

第二，合理释放情绪。能正确沟通和表达自己的情绪。

第三，学习调节情绪。紧张时，做深呼吸；生气时，学会适度宣泄；悲伤时，学会与信赖的人倾诉；畏惧时，学会自我激励；焦虑时，学会转移注意力。尝试用多种方法（运动、听音乐、转移注意力等）调节自己的情绪，解开自己的心结。

教师总结：我们共同探讨了青春期常见的不良情绪，它们不同程度地已经或即将被大家体验。出现情绪"小怪兽"，就像我们成长过程中得了一场情绪感冒，很正常。不同的人会产生不同的感受，我们要做的不是消灭情绪而是合理地控制它，疏导它，否则情绪"小怪兽"不仅会影响我们的健康，还会占用我们很多的精力，从而干扰我们正常的生活秩序。那么，这些情绪"小怪兽"产生的原因有哪些？我们应该如何打败这些"小怪兽"，解开心结？让我们依靠集体的智慧来解决它吧。

4.总结与延伸

该活动内容共有两项：

①自由发言：谈论本节课自己得到的启示。

②自我梳理：结合自身实际，思考自己出现的不良情绪，并分析原因，想出适合自己的调节方式，以周记的形式与班主任沟通交流。

五、班主任总结

不知从什么时候开始，生活里好像突然增添了许多烦恼：学习上的压力、家长的不理解与同学之间的矛盾……这些负面的感受，像怪兽一样来势汹汹，大家不用担心，这都是很正常的，情绪"小怪兽"就像我们得了一场情绪感冒，就像我们的情绪打了结。但是感冒痊愈要有个时间过程，有结就有解，我们要做的是接纳情绪并且找到合适的方法控制情绪。所以我们应多聚焦于正面的自我积极引导，向正确的方向前进。给自己的成长一点时间，打败情绪"小怪兽"，走出疾风骤雨。

学雷锋精神，做时代少年

王 磊

一、班会活动背景

雷锋精神是以雷锋同志的名字命名，以雷锋的精神为基本内涵，在实践中不断丰富和发展着的革命精神。但是，在物质生活日益丰富的今天，很多人却对雷锋精神产生了曲解，个别学生认为"学习雷锋日"只不过是专门"表演"帮助他人的日子。因此很有必要在校园中开展一次学习雷锋精神的班会，让所有学生了解真正的雷锋精神，并用实际行动践行雷锋精神。

二、班会活动目的

通过"学雷锋精神，做时代少年"的主题班会，让学生了解雷锋同志的生平和突出事迹，理解雷锋精神的实质内涵，并教育引导学生反思如何在新时代从自我做起践行雷锋精神。

三、班会活动准备

（1）发动学生在课余时间搜集有关雷锋的资料，对雷锋的生平事迹进行学习。

（2）利用自习课给学生播放有关雷锋事迹的视频。

（3）选拔学生排演雷锋的故事，为班会课上的表演做准备。

四、班会活动过程

第一部分　认识雷锋同志

主持人：同学们，大家好，欢迎大家走进今天的班会课。首先，请大家看一幅图片。大家认识这幅图片上的人吗？他叫什么名字？

学生：雷锋。

主持人：没错，这就是雷锋同志，同学们对雷锋同志有多少了解呢？

（学生回答略）

主持人：看来大家对雷锋都有一定的了解，下面咱们一起再全面认识下他：

雷锋原名雷正兴，湖南人。他1954年加入中国少年先锋队。1960年参加中国人民解放军，同年11月加入中国共产党。他克己奉公，助人为乐，为集体、为人民做了大量的好事，荣立二等功1次、三等功3次。1962年8月15日，因公殉职，年仅22岁。因雷锋乐于助人，所以"雷锋"二字成了"好人好事"的代名词。毛泽东于1963年3月5日亲笔题词"向雷锋同志学习"，后把每年的3月5日定为学雷锋纪念日。习近平总书记指出，雷锋身上所具有的"信念的能量、大爱的胸怀、忘我的精神、进取的锐气"，正是我们民族精神的最好写照。

第二部分　了解雷锋的一生

主持人：为了使更多的同学能够更加了解雷锋同志，下面我们一起回顾一下雷锋同志的一生，以及他那些令人印象深刻的故事。

艰苦童年：1940年，雷锋出生在抗日战争时期。雷锋曾在一篇日记中写道："我家里很穷，父、母、哥、弟都死在民族敌人和阶级敌人的手里。这血海深仇，我永远铭记在心。"1949年8月，湖南解放时，小雷锋便找到路过的解放军连长要求当兵。连长没同意，但把一支钢笔送给了他。1950年，雷锋当了儿童团团长，积极参加土地改革。同年夏，乡政府的党支书供他免费读书。1954年加入中国少年先锋队。

参加工作：1956年夏天，他小学毕业后在乡政府当了通信员，不久被调到望城县委当公务员，后被评为机关模范工作者。1957年加入共青团。1958年春，雷锋到团山湖农场，只用了一周的时间就学会了开拖拉机。1958年9月，雷锋响应支援鞍钢的号召，到辽宁鞍山做了一名推土机手。1959年，报名到鞍钢弓长岭矿山参加新建焦化厂建设。在鞍山焦化厂工作期间，他曾3次被评为先进工作者，5次被评为标兵，

18次被评为红旗手，并荣获"青年社会主义建设积极分子"的光荣称号。

参军入伍：1959年12月征兵开始，雷锋迫切要求参军，焦化厂领导舍不得放他走，雷锋跑了几十里路来到辽阳市兵役局（现人民武装部）表明参军的决心。雷锋身高只有1.54米，体重不足55千克，不符合征兵条件，但因政治素质过硬和有经验技术，最后被破例批准入伍。参加中国人民解放军后，被编入工程兵某部运输连4班，他努力钻研技术，后任班长。1960年11月入党，次年被选为抚顺市人大代表。

因公殉职：1962年8月15日上午，雷锋和他的助手乔安山驾车从工地回到驻地，发现车身上溅了许多泥水，便不顾长途行车的疲劳，立即让乔安山发动车到空地去洗车。经过营房前一段比较窄的过道，为安全起见，雷锋站在过道边上，扬着手臂指挥乔安山倒车转弯。"向左，向左，倒！倒！"汽车左后轮突然滑进了路边水沟，车身猛一摇晃，骤然碰倒了一根平常晒衣服和被子用的木杆，雷锋不幸被倒下来的木杆砸在太阳穴上，当场昏倒在地……1962年8月17日在抚顺市望花区政府礼堂召开隆重的追悼会。近10万人护送雷锋的灵柩向烈士陵园走去。1963年1月国防部命名雷锋生前所在的班为"雷锋班"。共青团追认雷锋为全国优秀少先队辅导员。

除了以上我的介绍，同学们还知道哪些雷锋同志的故事呢？请同学们分享。

（学生分享自己知道的有关雷锋的故事）

主持人：感谢以上同学的分享。除了以上同学分享的故事，接下来让我们共同看一段视频，来看一看雷锋背后还有哪些不为人知的故事。播放视频"不幸的童年炽热的心，雷锋背后还有这些鲜为人知的故事"。

第三部分　了解什么是雷锋精神

主持人：在了解了雷锋同志的生平事迹以及背后鲜为人知的故事之后，同学们觉得能从雷锋同志身上学到些什么呢？

学生A：我们不仅要学习他乐于助人的品质，还要学习他克己奉公、舍己为人的精神。

主持人：那么有没有同学可以提炼一下什么才是雷锋精神呢？

学生B：我觉得雷锋精神就是心里永远装着别人，唯独没有他自己。雷锋精神也包含了忠于职守的敬业精神以及不怕苦、不怕累，干一行、爱一行、钻一行的"螺丝钉"精神。

主持人：以上同学说得非常好。雷锋说："有些人说工作忙、没有时间学习。……要学习的时间是有的，问题是我们善不善于挤，愿不愿意钻。一块好好的木板，上面一个眼也没有，但钉子为什么能钉进去呢？……一个是挤劲，一个是钻劲。"用"挤"和"钻"的"钉子"精神，努力学习，刻苦钻研技术，练就为人民服务的本领，为社会主义建设添砖加瓦，这是雷锋"向上"的人生姿态的真实写照。

第四部分　如何践行雷锋精神

主持人：在物质生活日益丰富的今天，我们该如何践行雷锋精神呢？

学生A：作为一名学生，我们应该学习雷锋刻苦学习的精神。正像上面主持人所说，我们在学习上，也要提倡这种"钉子"精神，善于"挤"和"钻"，挤出时间读书学习。我们可以早起一点，饭前饭后挤一点，课间活动挤一点，星期假日多学一点，这样积少成多才能让我们的学习更上一层楼。

学生B：除了在学习上要学习雷锋善"挤"和善"钻"的"钉子"精神，我们还要丢掉贪图享受、生活攀比的思想，做适合中学生身份的事，爱护学校和他人的一切财物，尊重他人的劳动成果。

学生C：我们还应该学习的就是雷锋公而忘私、助人为乐的奉献精神；我们在学校里要做好学生，回到家中要做好孩子，走上社会要做好公民，无论在哪儿，力所能及，举手之劳的事多做，勤做，乐于去做。无论是朋友同学，还是陌生路人，一方有难，八方支援，扶危助困，共渡难关。

学生D：我们还要在思想上学习雷锋精神。雷锋把生命的每一分光和热都无私地奉献给了人民，用有限的生命和火热的赤子之心谱写了一曲壮丽而辉煌的人生乐章。全心全意为人民服务是贯穿在雷锋一生中最动人的主旋律，也是雷锋精神的核心内容，这正是我们当代学生所缺少的。构建和谐校园不是几个人的事情，而是校

园中每一名成员共同的事情。如果我们每个同学都贡献出自己的一份力量，那么我们坚信校园将会更加和谐美好。

主持人：其实就在当代，我们还有很多普通人都在默默地践行着雷锋精神，下面我们看一个视频——《当代"雷锋"故事，一个人应该怎样活着》，再次感受雷锋精神。

五、班主任总结

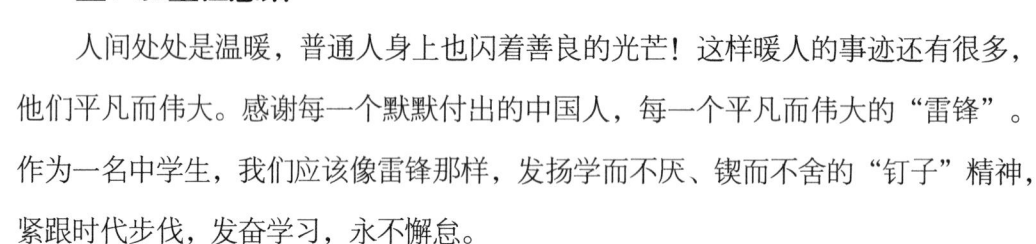

人间处处是温暖，普通人身上也闪着善良的光芒！这样暖人的事迹还有很多，他们平凡而伟大。感谢每一个默默付出的中国人，每一个平凡而伟大的"雷锋"。作为一名中学生，我们应该像雷锋那样，发扬学而不厌、锲而不舍的"钉子"精神，紧跟时代步伐，发奋学习，永不懈怠。

感恩父母，学会沟通

李 峰

一、班会活动背景

父母是我们身边最亲密的人，也是我们从小到大最好的"伙伴"。然而，小时候的我们对父母无话不说，长大后却慢慢疏远。许多同学并不知道如何与父母沟通，他们或忌惮于父母的威严，不敢表达自己的真实想法；或觉得和父母有代沟，得不到父母的理解；或不知道该如何表达，没有掌握正确的沟通方法。

二、班会活动目的

（1）从不同的角度体会和领悟父母对自己的爱。

（2）了解和掌握与父母沟通的正确方法和技巧。

三、班会活动准备

课前选两名同学排练小品《期中考试后》。

四、班会活动过程

1. 课前暖身——游戏"捉手指"

教师：同学们，首先让我们做一个小游戏"捉手指"。

游戏内容：请伸出你的左右手，左手掌心朝下，右手食指朝上，将你的左手掌放在左边相邻同学的右食指上，你的右食指放在右边相邻同学的左手掌下。

教师：下面老师要加大难度，听清要求，一会儿当老师说到"父母"两个字时，请用你的左手掌抓别人的右手食指，而你的右手食指要缩回躲避。

（学生开始玩游戏）

【设计意图】通过"捉手指"的游戏，活跃课堂氛围。

教师小结：刚才的游戏情景，就像我们现实生活中的亲子关系。我们每个人都有一个家，有自己的父亲和母亲。父母给了我们生命，我们给了他们希望。我们是他们翅膀下的小鸟，而他们坚毅的翅膀是我们最好的避风港。但小鸟总有一天会长大，总要离开父母的庇护展翅翱翔，而我们的父母又总想约束孩子的行为，彼此之间产生许多矛盾与烦恼。如何去化解、去沟通？今天这节课我们就一起来探讨一下吧。

课件出示：感恩父母，学会沟通。

【设计意图】班会课应该是由学生主要参与完成的。所以，在选择材料上面应立足于学生。在这里，我选择了本班一名学生的全家福作为课件背景，瞬间拉近了师生间的距离。

2. 说一说你心目中的父母形象

教师：同学们，你们喜欢什么样的父母呢？你理想中的父母是什么样子？

学生讨论后主要观点：

1. 能够与孩子交朋友，一起玩，一起商量，从不用命令的口气，尊重、关心和平等对待孩子。

2. 知识丰富，思想开放包容。

3. 性格良好，和蔼可亲，善解人意，通情达理。

4. 关注孩子各方面的发展，而不仅仅是学习成绩。

5. 能够给孩子自由和足够的个人空间，不包办。

6. 个人有气质、有魅力。

教师：这些是我们理想中的父母形象。请客观分析世界上有没有这样完美的父母。

教师小结：理想中的父母在现实生活中是不可能存在的，因为人无完人，但有一点是肯定的：他们都是这个世界上最爱你的人。

3. 谈一谈你为父母做了什么

教师：其实父母为我们做了很多。请想想我们为父母做了什么，分组交谈。

（小组成员分享交流，然后派代表发言。课前，学生填写了"调查表"，内容包括：父母为我们做了什么？我为父母做了什么？）

学生汇报：打扫卫生、洗脚等。

教师：你们是每天给父母洗脚吗？

学生：不是。

教师：好像我们为父母做事情都是偶尔做的。请回忆一下父母为我们做的点点滴滴，再比较一下是父母为我们付出的多还是我们为父母付出的多。

（通过对比，刚才还认为自己付出很多的学生陷入沉思，他们突然意识到，原来自己做的远不及父母为自己做的）

教师小结：原来，我们做的远远不及父母做的那么多。父母给了我们生命，我们的身体里流淌着父母的血液，从我们出生的那一天起，我们就成了父母永远割舍不掉的牵挂，无论是失败还是成功，父母永远是我们坚强的后盾。他们给了我们世界上最无私的爱，但我们却对他们有着这样或那样的怨言。假如你与父母发生冲突，该怎么办呢？让我们进入下一环节。

【设计意图】教师通过将"我"为父母做的事情和父母为"我"做的事情做对比，引导学生用自主发现的形式，认识到父母为我们付出很多，贴合学生的生活实际和认知水平。

4. 想一想当你和父母发生矛盾时，你该怎么办

（欣赏小品《期中考试后》）

教师：通过欣赏刚刚的小品大家想一想，在你的生活中，当你和父母产生矛盾，对父母的管教态度不满时，你有没有想过自己的行为也是不恰当的？

学生A：上星期的一个早上，妈妈说天气有点冷，让我把外套穿上，我不愿意，把妈妈给惹火了，妈妈生气地说："冻着了别让我带你去看医生。"结果真的感冒了，不过妈妈还是带我去看了医生。其实妈妈也是为我好。

学生B：有一天早上爸爸给我煮了一碗面条，我却嫌面条不好吃，爸爸听了很生气地说："不好吃就不要吃。"我听了之后，转身离开家就往学校走，还忘了带钱，又不好意思向别人借，正感觉肚子咕咕叫时，爸爸跑到学校，给我送来两个汉堡包。说真的，我爸爸这人嘴硬心软。

学生C：昨天晚上，写完作业已经很累了，妈妈还让我练琴，我很生气，和妈妈大吵了一架，然后关上房间的门，一晚上没出来。早上我也没有搭理妈妈。现在想想，妈妈让我练琴也是为了我好啊，昨天自己做得确实过分了。

....

教师：针对同学们分享的故事，请小组交流讨论，并把好的沟通方法写下来。

（学生交流沟通技巧）

教师：现在是分享时间，向大家推荐你处理与父母冲突的好方法。

（学生各抒己见，并在黑板上总结他们的好方法，如主动道歉、解释清楚、多与父母聊天、换位思考……）

课件出示与父母沟通的技巧：

1. 可以给父母写封信，悄悄放在他们能看到的地方。

2. 等双方都冷静了，好好谈谈，听听父母的想法，让他们知道你的看法。

3. 火气大时，彼此先分开冷静一下。

4. 可以委婉地向父母提出你的要求或建议。

5. 平时多注意和父母沟通，关心父母。

6. 当父母心情好的时候，向他们提出你的想法。

7. 可以找老师、同学帮忙。

教师：同学们，你们总结了这么多和父母沟通的技巧，那就找一个适合自己的方式，处理好和父母的关系，努力做阳光少年吧。

【设计意图】让学生学会如何去理解父母、尊敬父母、体谅父母，学会怎样与父母和谐相处，从现在做起，从点滴做起，以实际行动来回报父母的关爱。

5.运用沟通技巧与父母沟通

（1）选择合适的方式与父母沟通。

老师：刚才大家都提出了自己的沟通方法，那么现在可以行动起来和家长沟通了吗？谁想解决和父母的矛盾？

（2）现场给妈妈打电话。

帮助学生C，现场打电话给她妈妈，让她为昨晚的事向妈妈道歉。（学生C给妈妈打电话后，诚恳道歉。还没说几句，妈妈就原谅了她，说晚上给她做点好吃的，学生立刻流下了眼泪。这一刻，她一定体会到了妈妈深深的爱）

【设计意图】在这节班会课上，我和学生一起找出了学生与家长之间的"矛盾"，同时让学生了解并掌握一些和父母沟通的技巧。在"现场给妈妈打电话"时，在场的每一个同学都被母女间简单直白的对话感动。原来，与父母沟通是这么简单的一件事。我们的一句问候、一声诚恳的道歉，就能换来对方的谅解。

（3）课后作业：给妈妈写一封信。

教师：其实沟通很简单，只需要我们主动承认错误，误会便会解开。谁还想解决与父母之间的矛盾呢？（全班大部分同学都举手）老师再给大家创造一个机会，再过几天就是母亲节了，回家后我们不妨用心给妈妈写一封信，我想这一定是妈妈收到的最珍贵的礼物。

教师小结：同学们，这节课我们学会了如何与父母沟通，在我们的学习和生活中还应学着与同学、老师、朋友沟通。将来我们毕业了还要面对更多的人。所以，我们要学会使用沟通技巧，做一个快乐、积极、向上的阳光少年。本次班会到此结束，祝同学们快乐、阳光每一天。

五、班主任总结

家庭是社会的细胞，和谐家庭是和谐社会的基础。父母和子女之间关系处理得好是家庭和睦的关键。为了促进家庭的和睦，让学生理解父母、体谅父母、和父母进行有效的沟通，特意举行了本次班会，达到了一定的效果。在接下来的时间里，我将继续渗透班会中的一些理念，让有效的沟通发挥作用，为学生营造良好的学习氛围。

遇见更好的自己
——关于习惯、目标及成长

杨怀俭

一、班会活动背景

七年级学生入学近一年时间，班级管理的重点在于立规上路、培养良好习惯。目前，班级大部分同学已基本适应了中学生活，也初步养成了良好的学习和生活习惯，但仍有部分同学存在自律性差、学习缺乏内驱力、目标不明确等一些问题。期末考试临近，在强化优秀习惯的同时，再进行期末考试动员，相信能取得更好的班会效果。

二、班会活动目的

（1）培养和巩固良好习惯，完成七年级立规上路的管理目标。

（2）进行期末考试动员，引导学生树立长期理想和短期目标，认清自己的努力方向，交流高效的学习方法，营造班级积极向上的学习氛围。

（3）使学生获得更好的成长，发现更好的自己。

三、班会活动准备

（1）进行班会前的班级动员，统一认识，强调此次班会的重要性，并与班委、课代表单独谈话，希望他们在班会过程中发挥引领作用，积极参与班会中的学习方法分享活动。

（2）精心制作幻灯片，制作《期末考试目标卡》以备班会中使用。

（3）把日常拍摄的班级学生照片制作成一个视频——《七年级成长点滴》，在班会中播放给学生观看。

四、班会活动过程

班主任：（开场）同学们好，我们这次班会课的主题是"遇见更好的自己"。我先问大家一个问题：你们对现在的自己满意吗？（观察学生的表情）看来大部分同学都不太满意。那我现场进行一个采访，看看你们在老师和家长眼里是怎么样的存在。老师和家长把你称作什么？

学生回答：我叫"某些人"，我叫"极个别同学"，我叫"更有甚者"，我叫"说的是谁，谁心里清楚"，我叫"破罐子破摔"，我叫"烂泥扶不上墙"……

班主任：看来确实有点窘迫，我们离更好的自己还有不小的差距，但差距在哪儿呢？我觉得，现阶段同学之间最小的差距是智商的高低，而最大的差距其实是习惯的好坏。

1. 了解习惯的力量

班主任：（引入）《习惯的力量》一书中写道，我们日常行为中的40%以上不是深思熟虑决定，而是习惯性以为。可以这样说，习惯是一个人行为与思想的真正领导者。人生仿佛就是一场好习惯与坏习惯的拉锯战，把高效能的习惯坚持下来就意味着踏上了成功的快车。如果你希望出类拔萃，也希望生活方式与众不同，那么你必须明白一点：是你的习惯决定着你的未来，拥有好习惯会让你受益终身。同学们都来说一说在学习和生活中都有哪些好习惯。

学生回答：良好的生活习惯——整理好自己的物品，不丢三落四，随手捡起地上的垃圾；良好的学习习惯——作业有计划，限时完成，日日清，周周清；体育锻炼习惯——每天阳光大课间跑步四五圈，强健体魄，振奋精神……

班主任：同学们说得很好，整个七年级班级管理重点就是良好习惯的培养，学校政教处也在有序开展"让优秀成为一种习惯"创先争优活动。在24名"班级之星"评选基础上，本学期结合个人量化分我们班也评选出了10名"校级之星"。下面我正式宣布"校级之星"评选结果（优秀学生名单略）。掌声欢迎这10名优秀同学上台领奖。

我们请两位同学谈谈他们在培养良好习惯上的具体做法。

【课堂互动】学生上台领奖,班主任颁发荣誉证书,仪式感满满。榜样的引领更有助于学生对"习惯培养"重要性的认识。

2. 制定期末小目标

班主任:(过渡)过去的一年是不平凡的一年,我们经历了困难,感受过无助,也收获了感动。下面,我们一起观看视频短片《回望过去的一年》。

班主任:(引领)大到一个国家,目标引领行动。2020年12月17日凌晨,嫦娥五号成功带回了月球的土壤样本。大家知道吗,其实整个探月计划早在2004年就制定了,叫"绕""落""回"三步走。当时肯定有人质疑,这个目标能达成吗?但我们真的做到了。

我们还打赢了脱贫攻坚战。要知道,定下这个目标,是2015年。当时,中国一共有7000多万农村贫困人口、832个贫困县。实现这么多贫困人口和贫困县全部脱贫摘帽,这离不开广大一线扶贫工作者的默默付出,但最后我们也做到了。

小到个人,也需要目标的引领。你可能不知道你有多大的潜力,下面我们就一起来做个关于鼓掌的小游戏,游戏的名字叫"掌声响起来"。第一步,预估你自己10秒内能鼓掌几次,把预估的目标数字写下来。第二步,实际测试。用你最快的速度拍手,计时10秒,自己数一数实际可以拍几下。第三步,写下你的实际拍掌数,和你刚才写下的目标数字进行对比。

【课堂互动】学生进行课堂游戏。将预估的鼓掌数和实际的鼓掌数进行比较,大部分学生发现实际鼓掌数大于预估目标数,然后请学生谈游戏感受。

班主任:(总结)通过这个游戏,希望同学们相信自己的潜能,相信自己的价值。因为你的潜能常常比你自己估计的要大得多,就像一块璞玉,不经琢磨,你无法全面地看到它夺目的光辉,然而让它闪光的唯一方法,不是等待,而是打磨。因此,同学们,老师想告诉你们,你们可以做得更好。所以,一定要相信自己,不要低估了一颗追梦的心。学习是一个长期的过程,在通往成功的道路上,先定目标,再拆任务,是一个更靠谱的途径。大到国家,小到个人,都需要有目标的引领。新的一年即将到来,你有什么个人小目标呢?

【课堂互动】每位同学晒一晒自己的期末小目标。同学们把自己的期末小目标制作成心愿卡，粘贴在黑板的"目标树"上。

3.见证成长

班主任：一个学期以来，我见证着同学们的成长，每天用镜头记录大家成长的点点滴滴，下面是我制作的一个视频短片——《七年级成长点滴》，请同学们一起观看。

【课堂互动】视频画面不断切换，从第一次相遇，到班委竞选、学法交流、多彩的社团活动，再到最后收获荣誉、不断成长……一幕幕画面浮现，很多同学激动得悄然落泪。

五、班主任总结

步入中学以来，或许你并不完美，但我看到了同学们的勤奋、踏实和努力。让我们逆风向前，为梦而战，厉兵秣马，备战期末，一步一个小目标，向着心中的理想去奋斗吧。"鲜衣怒马少年时，不负韶华行且知。"我相信在郑外一定可以成就更优秀的你，你也一定能遇见更好的自己！

感恩于心，化诗相赠

黄璐璐

一、班级活动背景

美国心理学家弗洛姆说过，责任并不是一种由外部强加在人身上的义务，而是我们需要对我们所关心的事情做出反应。如今的初中生大多生活环境优越，不仅很难体会父母生活的艰辛劳累，有时还会埋怨父母的唠叨，怨恨父母不理解自己。作为老师和父母，不奢求回报，但是，我们应该教孩子学会感恩他人。只有懂得感恩的人才能更好地认识生活并学会珍惜。

二、班会活动目的

（1）回顾热点新闻，体会父母艰辛，学会感恩父母。

（2）联系生活实际，感受老师不易，学会感恩老师。

（3）结合自身经历，回顾努力历程，学会善待自己。

（4）通过活动增强学生的合作意识，为班级工作的进一步开展打下根底。

三、班会活动准备

（1）准备活动过程中所需要的音乐、小品和其他材料。

（2）选定主持人。

四、班会活动过程

第一篇　棘心夭夭，母氏劬劳

主持人：在今天班会的开始，我们先来看这样一段话。

不奋斗，你的才华如何配得上你的任性？

不奋斗，你的脚步如何赶上父母老去的速度？

不奋斗，世界那么大，你靠什么去看看？

一个人老去的时候，最痛苦的事情，不是失败，而是我本可以。

每个人心里都有一片海，自己不扬帆，没人帮你启航。

只有拼出来的成功，没有等出来的辉煌！

——一位农民工致所有的莘莘学子

写下这番话的，是假期在河南某中学进行维修施工的农民工刘师傅。这是刘师傅休息时浏览朋友圈看到的文字，回忆起自己年少求学的岁月，同时又想念家中读小学的儿子，有感而发在黑板上抄下了这段话，他想激励城里的孩子不负美好时光、不负自己的人生。

刘师傅已经跟着建筑工队打拼多年。他的大女儿毕业后在郑州打工，他的儿子在老家上六年级。为了供养孩子读书，他日复一日在外奔波，每天至少工作10个小时。钢筋工、瓦工……建筑工地上的工种繁多，但样样他都能干得好，厚厚的老茧上常常新伤盖旧伤。

该校的一名学生看到黑板上的留言动容地说："不奋斗，我的才华就配不上我的任性；不奋斗，我成长的脚步就赶不上父母老去的速度。"亲爱的同学们，今天我们先来聊聊感恩父母，你还知道哪些有关父爱母爱感人的故事？

学生A：2012年，莫言获得诺贝尔文学奖后，站在瑞典学院的讲台上发表获奖感言，先回忆母亲："我记忆中最痛苦的一件事，就是跟随着母亲去集体的地里捡麦穗，看守麦田的人来了，捡麦穗的人纷纷逃跑，我母亲是小脚，跑不快，被捉住，那个身材高大的看守人扇了她一个耳光。……看守人没收了我们捡到的麦穗，吹着口哨扬长而去。我母亲嘴角流血，坐在地上，脸上那种绝望的神情让我终生难忘。……"他所有的努力，都是为了配得上母亲的艰辛！

学生B：在唐山大地震中一对母子被埋在废墟之下，8天，整整8天。当救援人员发现他们时，七八个月大的孩子安然无恙，而母亲，却永远地离开了人间。在

那阴冷、没有水、没有食物的环境中，是母亲用乳汁延续着孩子的生命，乳汁吸干了，她用力咬破手指，让孩子吸吮自己的鲜血，直到最后一滴，直到人们发现了那用慈母之心创造的奇迹。

学生C：老师，我读过这样一篇文章，大致内容是这样的，读九年级时，他特别喜欢玩网络游戏，因为旷课太多，老师让他请家长。那次，家里正忙着秋收，他的母亲撇下农活就来了，我记得他的母亲还戴着一顶草帽。老师当着他母亲的面给他讲了沉迷网络游戏的害处，也提到了游戏中的装备。临走，母亲就问他："那些装备是不是放宿舍了？我先拿回家，你在这儿好好读书！"当时他就懊悔地哭了……读完之后我感受特别深刻，我们同学之间也有喜欢玩游戏的，真的该有所反思。

班主任总结：大家讲述的故事真的都很动人。孩子们，十几岁的你们一定不会想到，我们和父母之间的羁绊是很奇妙的，慢慢长大后你便会理解。不管你是在教室里挑灯苦读还是在网络游戏世界通宵鏖战，父母都在为你奔波劳碌！所谓父母，就是一边默默在后方筹措粮草，一边期待前线传来捷报的那个人。你若是放马南山，他们知道吗？

主持人：现在，请看大屏幕，我们一起来大声朗读，致敬、感恩父母。

岁月不是偷走妈妈青春的小偷，我才是！

剪断的脐带，怒摔的门，

青春的叛逆与背离，

我用一生在跟你说再见，

你却用一生跟我说路上小心，

是啊，孩子永远是母亲游走在体外的心脏……

第二篇　一朝沐杏雨，一生念师恩

主持人：请大家看这副歌颂师恩的对联。

上联——

一支粉笔两袖清风，

三尺讲台四季晴雨，

加上五脏六腑七嘴八舌九思十想，

教必有方滴滴汗水诚滋桃李满天下；

下联——

十卷诗赋九章勾股，

八索文思七纬地理，

连同六艺五书四经三字两雅一心，

诲人不倦点滴心血勤育英才泽神州。

我们总以为，"伟大"存在于诗歌和文学中，其实它就在你我的身边，下边我们来看一张图片。这是一位班主任手机里的截图，密密麻麻全是同学们网课期间的作业情况，每一科，每一天，不曾懈怠，用"负责"二字绝对不足以形容他的敬业程度。

那么现在，我们来说说，我们应该如何感恩老师？

学生 A：感恩老师，并不需要我们去做什么惊天动地的大事，它表现在日常的点点滴滴——课堂上，一道坚定的目光，一个轻轻的点头，你在专心地听课，这便是感恩。

学生 B：我们要用优异的成绩感恩老师，课堂专注听讲，作业按时完成，用实际行动来回报老师。

学生 C：帮老师做力所能及的事，学会体贴老师，管好自己，不让老师担心。

主持人：同学们，老师的一言一行可做模范，一字一句滋润心田，一颦一笑关爱无限。让我们一起用青春的奋斗向他们致谢，感恩他们耕耘讲台，挥洒汗水，为我们开垦精神的田园！

第三篇　至此山花赠予己，纵马依风踏自由

主持人：你能从这张图片中看到努力的自己吗？（课件展示课堂图片）

多少次，我们披星戴月，埋头书海，寻求真理的方向；多少次，我们背起行囊，

怀揣理想，探索未来的微光。现在，请大家回顾自己的求学之路，为自己送上几句话吧。

学生A：我有点后悔，后悔自己的贪玩，后悔自己的意志不坚定，导致成绩的不理想。

学生B：过去的光荣和失败，都已经成为昨天，留给我们的只能是经验和教训，关键在于我们能否把握今天。

学生C：告别过去，完善自我，吸取教训，挑战自我，重塑崭新的自己。

主持人：大家的发言都很真诚，那么在这个环节，我们的班主任也给大家写了一封信，请看大屏幕。

亲爱的同学们：

每个人都会累，可能你也是吧。例如，明明很努力了，却还是没有如意的成绩；想维持的友谊被自己搞得越来越糟；好好的安排被突发事件打乱；那些忽然被对方误解的心意、突然不好的心情，这些莫名其妙的事是我们生活中不可抹去的一部分，谁也躲不过。

芸芸众生都是如此，所以看清这个世界，然后再去爱它。不管生活怎么糟糕，坚持学习，守住理想，去读自己应该读的书，走没有走过的路，跨过人山人海也览遍山河湖海。勇敢也兴致盎然地与世界不断交手，去面对，去抗衡，去呐喊，去突破，永远不要停止，用青春把生命写成长诗。不准心碎，禁止矫情，可以偶尔流泪！感恩自己，希望我的58位宝宝都有一个淋漓尽致的青春！

爱你们的班主任

五、班主任总结

生活给予我们太多负荷，我们用一种佝偻的姿势顽强前行。但每走一步，都有我们需要感恩的人和事，感恩我们的父母、师长，包括我们自己。只有经历跋涉的煎熬、挫败的洗礼，才会愈加觉得这感恩厚重而充盈。命运在我们行进的道路上投射了太多的阴影，但有了他们的扶持，有了我们自己的坚韧与坚强，相信我们终究会走向成功，闪现光芒！

懂得专注，优化方法

张碧博

一、班级活动背景

九年级伊始，预想的毕业氛围并未很好地在班级内形成。临近期中考试，很多学生却出现了倦怠、散漫的现象，为了调整学生的学习状态，九（4）班召开了主题班会课。

二、班级活动目的

（1）改善学生的课堂学习状态。

（2）提升学生对时间的合理利用。

（3）优化考前的复习方法。

三、班级活动准备

截取电影《羞羞的铁拳》中"熬鹰"片段、班级日常视频片段等。

四、班级活动过程

1. 情景导入，思考话题

（师生观看电影《羞羞的铁拳》中"熬鹰"片段）

师：这个"熬鹰"的画面确实令人捧腹大笑，但是在大笑之余，大家受到了怎样的启示？

生：我非常敬佩他们的精神，他们的黑眼圈见证了他们的坚持和专注。在学习中，如果都能有这种"熬鹰"的斗志，相信我们都将获得成功！

2. 立足现实，情景再现

师：专注的人令人羡慕，那平日里大家的表现又如何呢？让我

们一起来看几个场景。（播放视频）

场景一：课堂上，一个男孩昏昏欲睡，书本上空空如也，没有留下一点痕迹。当老师提问时，他没有任何回应。

场景二：自习课上，一名学生不停地转笔，两个小时的自习时间，他多次翻找东西，拿笔、拿书、拿练习册。一下课，他就飞奔出教室。

……

师：这些场景是多么真实，请几名同学来谈谈自己平时学习的状态。

学生A：我靠窗坐，很多时候会被窗外的风景吸引。

学生B：我在家里学习的时候，很容易就被家里的声音吸引了注意力。有时猫在我面前走过，我就忍不住想和它玩一会儿。

师：是呀，这些不都是我们曾经历过的事情吗？或者听课时开小差，或者面对自习时间无所适从，或者缺乏整体复习规划，好高骛远，导致成绩不理想。那么，我们应该如何优化学习方法，让我们的学习更加专注高效？

3. 课堂"捧哏"，专注笔记

师：对口相声中，有"逗哏""捧哏"的角色之分。"逗哏"是相声表演中的主角，用滑稽有趣的话引人发笑；"捧哏"是配合"逗哏"叙述故事情节的演员。双方配合才能完成一段好的作品。在我们的课堂上，老师就好比"逗哏"，开展课堂教学，学生就好比"捧哏"，在与老师的配合中学习知识。那么，如何做一个优秀的课堂"捧哏"呢？

学生A：课前好好预习，提前学习要讲的知识点，在课堂上就能更好地与老师对话。

学生B：课堂上紧跟老师的步伐，老师提问时一定要主动回答，按要求做好笔记，与老师同频共振。

学生C：课后及时与老师交流疑难问题，及时解决，不让问题过夜。

师：同学们的发言都非常精彩。其实，好的课堂是需要配合完成的。一堂精彩的课绝不是一个人的独角戏，而应该是一群人的狂欢！我们应该全身心投入，积极

回答老师的提问，避免自己的注意力分散。同时及时记录，把听到的关键内容记下，用记笔记来提高自己的专注程度。

4. 自主管理，做"暗时间"达人

除了每天的课堂时间，我们还有许多自我管理的时间，我们该怎么利用好这些时间呢？

（1）"暗时间"法则。

师：今天我想为大家引入一个概念——"暗时间"。对同学们来说，你们学习以外的时间，如走路、吃饭、坐车，甚至是看课外书的时间，都可以称为"暗时间"。奥地利心理学家弗洛伊德午餐后出门散步时，一路上会将思考、买雪茄、收送稿件几件事同时做了。英国剧作家毛姆还没坐到书桌前就开始思考工作，一边泡澡一边想文章的开头。这对于我们的学习有什么启示呢？

生：当我们等坐公交车时，可以拿出随身携带的笔记本复习；当我们洗澡时，可以背诵一下当天所学的诗词；睡觉之前，可以把白天所学的知识像放电影一样过一遍。

…………

（2）缩短思维切换时间。

师：我曾有这样的体验，当我正奋笔疾书完成某项写作任务时，一个电话突然打了进来。10 分钟后，当我挂断电话，想再兴致勃勃地投入到写作中去时，发现很难再找到刚才那种状态了，刚才写作的兴奋已经被抑制了。我只有不断调整，大概 15 分钟后才渐入佳境，激活了先前的写作记忆。看似只接了 10 分钟电话，但切换思维浪费了时间，这个电话实际上足足耗费了我 25 分钟甚至半个小时的时间。

思维切换的时间，也是浪费掉的"暗时间"。怎么节约这部分时间，就是要做好"暗时间"管理。最有效的办法就是：主动创造大块的时间，让自己沉浸其中，打造自我心灵的"世外桃源"。我们有哪些行为是浪费思维切换时间的？我们该怎么做呢？

生：首先，清理干净桌上零碎的小东西，这些物品可能会分散我们的注意力；其次，做好心理预案，无论窗外有什么风吹草动，都不要被吸引，要尽可能保证内

心安静；最后，打定主意，锁定目标，将时间"分区划片"，"埋头拉车，抬头看路"！

5.优化方法，科学高效

师：经过我们的讨论，大家应该都有一些收获，那面对即将到来的期中考试，大家有哪些优化的学习方法？

（1）锁定目标，持续前进。

师：我们的注意力是有限的，很难同时去做两件都需要高度集中注意力的事情。因此，我们在开始复习前，一定要确定复习目标，让大脑认准一个方向持续前进。我可以带大家做个实验。有没有同学能够在看完这两句话后，告诉我这两个句子中有多少个字？

①我相信没有男生可以一边做数学压轴题一边玩成语接龙游戏。

②我也相信没有女生可以一边煲电话粥一边写作文。

（学生回答，答正确的不多）

师：确实，我们的注意力很难同时高度集中在两件事上。所以，锁定目标，并持之以恒地坚持下去，减少思维切换的时间，非常重要。

（2）提前规划，有序复习。

师：人天生会对不可控的事感到焦虑，提前规划，有序复习，设置好"进度条"，你就能准确地把握好每个复习阶段的时间节点，按计划推进，焦虑自然就会减轻。那么我们在做计划时应该注意什么？

学生A：要有时间起止点，每一项任务都有一段它的专属时间，在近段时间内只需要完成该项任务即可。

学生B：学习任务一定要符合自身实际，若任务过多或过难，最后完成不了，会打击信心；若任务过于简单，则无法真正激发自己的学习潜力。

学生C：规划学习任务时，应该给大脑适度放松和转换思维的时间，这样可以帮助大脑更好地记忆。

…………

师：同学们都说得很好，计划要有整体性，着眼于学科平衡，任务要量力而行，

及时反馈，分清主次，重点突破。坚持完成计划并不容易，但是，高度自律的背后是高度的专注，以及由此所带来的高效率。作家吴晓波说过，每一件与众不同的绝世好东西，都是以无比的勤奋为前提。付出了，我们终究会收获一片金色的原野！

五、班主任总结

本节班会课主要分为五个环节。首先通过喜剧片段引入"专注"，在幽默的课堂氛围中将主题缓缓展开。然后通过场景展示的方式让学生感受发生在自己身边的事情，形成自己的思考。在本环节之后，学生在讨论中明白课堂专注是非常重要的，但是对于学生来讲，思想观念转变为行动是当务之急。因此我将师生之间的关系比喻为"逗哏"与"捧哏"的关系，让学生了解课堂中与老师配合的重要性，从而增强学生的课堂专注度。在第四个环节中引入新概念，让学生对"暗时间"有初步思考，便于后续班会的推进。学生可以在日常生活中利用更多的思维时间，即有效利用零碎时间，真正做到高效不浪费。最后的环节，开宗明义，让学生懂得复习中最重要的事情是确定目标，专注、坚定地完成任务。通过课下与学生的交流得知，学生对于本节班会课都有不同的收获。从班会之后的学情来看，大部分学生都能以更积极的态度投入到复习中，时间管理意识更强，课堂活跃度更高，相信高效的方法会让学生取得更多的进步！

向"躺平"说不

李金生

一、班会活动背景

郑外的学生大部分都是各个小学的优秀毕业生。部分学生经过一年多时间的磨合之后，发现自己的成绩没有原来那么突出了，学生和家长出现了很强的失落感。到了八年级，加之青春期的影响个别学生觉得转变无望，甚至开始进入"躺平"模式，严重影响了学生的身心健康发展，同时这种情绪也有扩大化的危险倾向。

二、班会活动目的

让学生认识"躺平"的危害，找到短期要突破的目标，制订行动计划，同时树立远大志向。

三、班会活动准备

（1）找出学生七年级入学时写给自己的信。在七年级开学第一天我就让学生畅想了3年后毕业的目标，然后为他们每个人准备了一个信封，将他们写好的信封存了起来。班会前拿出来这些信，是想让学生重温一下他们最初的梦想。

（2）组织学生排练小品，揭示"躺平"的危害。

四、班会活动过程

1. 借助小品，再现"躺平"

班长：尊敬的老师们，亲爱的同学们，下午好！我是八（7）班班长，本次班会由我来主持。作为八年级的学生，我们的初中生活已经过了将近一半，我们的生活和学习也在悄然变化，不信？请看！

（学生表演小品《躺平》）

第一幕　充满激情和希望

陈同学：哈哈哈！

陈同学父亲：儿子，啥事这么高兴？

陈同学：爸！妈！我被录取了！我被录取了！

陈同学母亲：是郑州外国语中学吗？

陈同学：是的！我是全校第二名被录取的！

旁白：全家人喜极而泣，开始畅想美好的中学生活……

第二幕　新学校　新起点

旁白：开学第一天，陈同学早早地起床，父母提前准备了丰盛的早餐。吃完早餐后陈同学怀着激动的心情去学校报到。第一天，陈同学对新学校感到各种好奇，对新老师充满了各种钦佩，上课十分专注。

（陈同学生动再现这个场景）

第三幕　懈怠

到了七年级下学期，陈同学逐渐懈怠，作业开始完成得不认真了，有时候上课还做各种小动作。

（一次生物课堂）

生物老师：同学们好，今天我们开始学习有关细胞方面的知识。

（随后生物老师开始作图演示，陈同学在下面做鬼脸）

生物老师：陈××同学，请你注意课堂纪律！

陈同学：太简单了，听着没意思。

生物老师：……

第四幕　"躺平"

班主任：今天，我们看看昨天数学测试的情况。共有16人满分，祝贺这些同学，但是有几位同学退步明显，放学后请到我办公室来谈谈遇到了什么困难。

（放学后，班主任叫住了正要夺门而出的陈同学）

班主任：陈××同学，请你跟我到办公室来一趟。

……………

班主任拿出这几次的班级成绩表，通过对比让陈××看到自己的成绩在下滑，从全班上游下滑到中下游。

（回家以后父母得知儿子成绩一直在下滑，陈同学的父母唉声叹气，陈同学一个人发呆。他不知道自己将来何去何从，最后他躺在了地板上，仰天发呆。表演结束）

2. 重温梦想，对照现实

班长：正如大家所见，曾几何时，我们每个人都怀揣着梦想，进入这所名校。当时我们踌躇满志，但在一次次考试的洗礼和一次次挫折与打击之后，有些同学越挫越勇，不断超越自我，而有些同学则变得一蹶不振，甚至个别同学开始"躺平"。同学们，你们还记得我们入校时写给3年后自己的那封信吗？你们是否距离自己的目标越来越近呢？请各位组长将各组同学的信发下去。（一分钟后，每个同学都拿到了写给自己的信，展读后，大家表情各异）

班长：同学们，看完了自己当初写下的目标，你们距离自己的目标是否越来越近呢？觉得距离近的请举手（少部分同学举手）。那么还有很多同学没有举手，是否越来越远呢？觉得自己没有靠近目标的同学请举手。（一部分同学勇敢正视自己，缓缓举起了手）

3. 探寻原因，寻找对策

班长：那大家觉得这是为什么呢？有想法的同学请举手发言。

刘同学：我觉得主要是自己太懒，动力不足。

时同学：我觉得可能是到了八年级，学习内容增加了不少，难度也加大了，自己应接不暇吧。

杨同学：我觉得可能被游戏耽误了。

（全班哄堂大笑）

刘同学：我觉得可能是自己的时间规划得不够合理。

何同学：我觉得可能是李老师对我们太仁慈了，李老师需要对我厉害点。

（全班又是哄堂大笑）

…………

4. 回忆过往，感悟英雄

班长：这里有一段视频，请大家欣赏以后再谈谈自己对目标和梦想的认识。

（视频展示：视频内容分为两部分，一部分是同学从入学到现在每一个重大活动中的精彩瞬间，另一部分是近代以来各个重大历史事件中的英雄人物）

看完视频之后，很多学生眼中闪现出晶莹的泪花，我似乎看到了他们内心熊熊燃烧的烈火。

班长：请同学们再次谈谈对目标和理想的认识。

（摘录部分学生发言）

刘同学：稻盛和夫写的一本书中，有一句话令我印象最深刻：我们每个人的生命都是无比珍贵的，活在这个世上，一定要活出自己的精彩，不枉过这一生。对于个人来说，树立目标就是让自己活得更精彩；对于国家和民族来说，需要我们每一个人努力学习，勤奋工作。我也经常产生贪玩的念头，但每次贪玩之后都很后悔。当我觉得自己控制不住自己的时候，我就读稻盛和夫的书，便慢慢沉静了下来。稻盛和夫曾经说过，工作就是修行。而对于我来说，学习又何尝不是一种修行呢？所以此时我们更要重新认识一下自己的学习目标、成长目标，以及长大以后自己所肩负的责任。我觉得自己颓废是因为目标意识不够强烈。

李同学：听了刘同学的发言，我深有感触。刚入学的时候，还是满腔热血。但是八年级之后，有时候就容易松懈，没有了以前那股拼劲。所以我觉得现在是重新明确目标的时候了。

陈同学：说实在的，我觉得这个小品就是在演我自己的经历，前一段的确有点儿"躺平"的意思，可现在我又重新树立目标了。

（学生鼓掌鼓励）

班长：听了大家的发言，我也深受启发，我认为大家"躺平"的原因，一是因

为没有及时调整好自己的生活和学习节奏；二是目标不够清晰，出现了被动应付的情况。现在请班主任李老师给我们做总结吧！

五、班主任总结

我很欣慰看到你们每个人都重新燃起希望，每个人都有自己的目标和理想，但是一个大的目标由无数个小的目标汇聚而成，只有实现每个小的目标才能最终达成终极目标。我们的人生征途，就好比爬山，爬上一个小山头很容易，克服一个小困难很容易，学好一节课很容易，但是能坚持征服连绵的群山很难，承受一连串的挫折和打击很难，坚持上好每一节课很难。面对一次一次的困难和打击，迎难而上很难，"躺平"却很容易。同学们，我们的生命只有一次，我们的青春只有一次，我们的初中生活过了近一半，现在不是"躺平"的时候，不是退缩的时候，而是重新燃起希望之火的时候。你们的成长进步不仅是为了自己，也是为了你的家人和朋友，他们会为你每一次的进步感到骄傲！同时你们也是民族的未来，民族的复兴还在路上，祖国的未来需要你们！

同学们，现在请你们拿起笔，给毕业时的你们写一封信，谈谈对自己的期待和坚决要改掉的不良习惯，给自己树立一个清晰的目标。

（班级静悄悄的，所有学生都在给未来的自己写信）

今天的班会内容很充实，希望大家牢牢记住自己的初心，坚定信念，做好每一件事情，上好每一节课，认真完成每一次作业，不断向自己的目标迈进！

激发爱国情怀，树立报国之志
——纪念一二·九运动主题班会

段凯伟

一、班会活动背景

为了对学生进行爱国主义思想教育，学校决定组织各班学生开展一次纪念一二·九爱国运动的活动，同时，针对目前班级学生学习目标模糊、学习动力不足、缺乏家国情怀和对中华民族伟大复兴的责任意识的情况，班级决定借助纪念一二·九运动的活动契机，召开一次"激发爱国情怀，树立报国之志"的主题班会。

二、班会活动目的

激发学生的爱国情怀，鼓励学生树立爱国之志，引导学生真正理解个人命运和国家命运紧密相连，从而能够积极主动地为中华民族的伟大复兴而努力学习，争做有责任、有担当的新一代爱国青年。

三、班会活动准备

（1）研究方案，确定活动形式。

（2）组织分组，明确小组任务。

（3）分头行动，课余积极准备。

（4）展示交流，理解感悟提高。

四、班会活动过程

1. 介绍背景　回望铭记

主持人A：1931年九一八事变后，东北三省沦陷，日本侵略者的铁蹄肆无忌惮地践踏中国的领土，而反动政府无耻地采取不抵抗

政策。1935年下半年，日本策动所谓"华北自治运动"，妄图分裂我华北五省，进一步蚕食全中国。在此生死存亡的危急关头，以青年学生为先锋的前辈们用鲜血和身躯捍卫国土完整和民族的尊严。

主持人B：1935年12月9日，北平学生爆发了声势浩大的抗日运动，在中国青年运动史上写下了光辉的篇章，为全民抗战奠定了坚实的基础。今天我们班隆重召开这次主题班会，来纪念这次伟大的学生爱国运动，并以此激发同学们的爱国情怀，早日树立报国之志。现在我宣布：本次班会正式开始。（鼓掌）接下来让我们有请第一组同学上台表演，为我们再现当时的历史场景。

2. 历史场景　我来演绎

（第一组学生表演历史话剧，学生们激情澎湃，把场景中的紧张、愤怒、慷慨激昂、义愤填膺表现得淋漓尽致。以下是话剧部分节选）

（画外音）1935年12月9日，北平数千名学生在中国共产党的领导下举行了抗日救国示威游行，反对华北自治，反抗日本帝国主义，掀起全国抗日救国新高潮，史称一二·九运动。这是中国共产党领导的一次大规模学生爱国运动。警察当局事先得知学生要请愿游行，清晨即下达戒严令，在一些街道要冲设了岗哨。清华大学、燕京大学等城外学生被军警阻拦，在西直门同军警发生冲突。

学生A："停止内战，一致对外""收复东北失地""打倒汉奸卖国贼"。（散发宣传抗日救国的传单）

学生们（高举校旗，悲愤地高呼）："打倒日本帝国主义""反对华北自治"。

（警察们手拿木棍、水龙、枪，殴打游行学生，阻拦游行学生）

警察A：哪校学生？你们要干什么？

学生A：清华大学。示威游行！

警察A：你们为什么要游行？

学生B："反对华北自治""打倒日本帝国主义"。这是爱国游行！

警察A：是谁组织的？领袖是谁？

学生C：没有人组织，也没有领袖，但我们个个是领袖。因为我们爱国家！

警察A：混账东西，抓起来，给我带走！

学生D：放开我们的代表！

学生E：反对非法逮捕我们的代表！

警察A：快滚，老子没时间搭理你们这帮混账东西。

（学生们分头向市民演讲、发传单。警察表面上保持镇静）

警察B（打电话）：我们要求大队支援人马，截断游行学生的后路。

（警察们更凶狠地殴打游行学生，妄图阻拦游行学生）

学生B（站在高处，做演讲状）：我们应联合一心，一致对外抗日。

（这时，增援警察赶来）

警察A：你们这几个学生，你们再喊老子开枪把你们给毙了。（做拔枪状）

学生B：好啊，来吧，向我们的胸膛开吧！（拍着胸脯）

学生C：对，我们来了就不怕死，有胆量你们就开枪吧！

学生A：你们拿枪对着的是什么人啊？是你们的兄弟姐妹，是你们的骨肉同胞！东北沦陷了，成千上万的同胞成了亡国奴，你们作为军人，不去抗日前线，不去和日本拼命，却在这里吓唬你们的同胞，吓唬你们的兄弟姐妹，吓唬手无寸铁的学生。你们不惭愧吗？你们能下得了手，扣得动扳机吗？

（画外音）轰轰烈烈的北平学生游行活动持续数日，得到全国各地学生的声援并迅速蔓延至全国，掀起了全国抗日救亡运动的新高潮。

主持人A：第一组同学的精彩表演给我们再现了一二·九运动当时的场景，让我们身临其境，爱国之情油然而生。接下来让我们有请第二组同学分享学习成果，谈谈他们对一二·九运动精神的理解。

3. 运动精神　铭记心中

（第二组学生分享一二·九运动的意义，加深同学们对一二·九运动精神的理解，激发爱国热情）

学生A：一二·九运动是一次以青年学生为先锋的爱国运动。它体现了中华民族以爱国主义为核心的民族精神。

学生B：这次运动促进了全民的觉醒，掀起了抗日救亡运动的新高潮。

学生C：一二·九运动中的青年学生，其爱国精神彰显于危难之际。正是这种民族精神构成了中华民族的精神纽带，增强了民族凝聚力，使中华民族渡过一次又一次危机，也很好地维护了国家的统一、促进了民族的团结。

学生D："国家兴亡，匹夫有责。"作为当代青年的我们，更应坚信这一点，继承和发扬一二·九运动的爱国传统。

主持人B：感谢第二组同学的精彩分享，让我们深刻理解了一二·九运动的精神和意义。正值青春年华的我们，该用怎样的行动来继承先辈们的光荣传统呢？如何发扬一二·九运动的爱国精神，树立报效国家的远大志向呢？接下来，有请第三组同学上台分享作为新的青年一代的我们，应该怎么做才是对先辈们的最好告慰。

4. 意义升华　自奋自强

（第三组学生轮流上台发言）

学生A：我认为，继承一二·九运动精神，弘扬爱国主义传统，我们作为新时代青年首先应该有"天下兴亡，匹夫有责"的责任担当，还要具备"先天下之忧而忧，后天下之乐而乐"的爱国情怀。

学生B：我认为，我们作为新一代青年应该坚定报效国家的理想信念，才能在人生道路上把握正确的方向。我们有能力也有责任完成我们所处这个年代必须完成的任务。努力学习，不懈奋斗，树立正确的人生观、价值观，极大地充实自己，实现自身价值。我们每个人只有先完善自己才能为我们的祖国奉献出属于自己的那份力量。

学生C：我觉得，新的时代对我们青少年提出了更高的要求。要求我们树立正确的人生观、价值观，牢记报效祖国的远大志向，努力学习科学文化知识，牢记使命，勇于担当，为早日实现中华民族伟大复兴的中国梦而努力拼搏。

学生D：不论是面向科技前沿，还是面向祖国建设主战场，都需要我们青年一代有理想、敢担当、能吃苦、肯奋斗。我们提升自己各方面的综合能力，也是在为提升国家的软实力做贡献，为全面实现中华民族的伟大复兴做贡献。

学生E：我认为我们还应注重培养优良的品德。科学文化知识很重要，但思想品德的修养在某种意义上更重要。优良品德的养成对人的一生至关重要。求知与修养相结合，是中华民族的优秀传统，没有好的思想品德，就不可能把学到的知识真正奉献给祖国和人民，也就难以大有作为。

学生F：同学们，努力吧！别再有那么多犹豫，别再有那么多彷徨，别放慢我们年轻的脚步，勇敢而执着地向前走，做一个对社会有贡献的人。我们要有历史使命感和社会责任感，明确心中的奋斗目标，以实际行动报效祖国，才是对爱国的最好证明！（鼓掌）

主持人A：非常感谢第三组同学的精彩分享，让我们心中有了目标，有了方向，也有了力量！接下来有请我们的班主任段老师上台给我们做这次主题班会的总结，同学们欢迎！（鼓掌）

五、班主任总结

同学们，我认为这是一次富有成效的班会，这是一次非常成功的班会，因为我们每个小组的同学根据自己的所长都为之付出了巨大努力，不管是抽挤时间积极搜集资料，还是尽心竭力编排剧本，无论是精心思考组织执笔，还是最后绞尽脑汁升华总结，全班同学无不为这次班会的顺利召开付出了汗水，做出了贡献，或添砖加瓦，或锦上添花。作为班主任，我在这次班会中看到了同学们的团结协作，看到了班集体的凝聚力，也看到了咱班同学积极向上的朝气，更看到了同学们的潜力和才华，在此，我对为这次班会成功召开付出巨大努力的全班同学表示衷心的感谢！你们辛苦了！

同学们，青年人永远是时代的急先锋，青年人永远是维护国家统一和民族团结的主力军，从五四运动到一二·九运动，先辈们都给我们做出了很好的榜样。你们作为新时代的青年学子，赶上了一个人人可以追梦、圆梦的好时代。作为新时代的追梦人，不管是风和日丽还是狂风暴雨，不论是顺顺利利还是磕磕绊绊，只要你拼尽全力，勇往直前，把个人的命运和祖国的命运紧密相连、炽热相融，你就一定会与心中的梦想不期而遇。

这次的主题班会，也告诉我们后辈青年不能忘记历史，一定要好好珍惜今天这个需要你们引领的时代，更要用拼搏奋斗、努力学习的实际行动来表达自己报效祖国的愿望！先辈有屈原为国家"虽九死其犹未悔"的奉献，有陆游"位卑未敢忘忧国"的责任，也有顾炎武的"天下兴亡，匹夫有责"的担当，展望未来，我辈更应早立报国之志，勇做有爱国情怀、有理想信念、有使命担当的优秀青年！

最后我宣布，今天的主题班会圆满结束！（全班鼓掌）

青春"加油站"
——新学期·新生活·新变化

蔡 晗

一、班会活动背景

假期归来，我通过多种渠道了解到班级学生假期生活状态普遍不佳，出现共性问题较多，如学习状态差、网络成瘾、亲子沟通不畅等。

二、班会活动目的

针对以上共性问题，通过本次班会引导学生分析问题、找准办法，为新学期学生的状态调整加油打气。

三、班会活动准备

1. 问题发布，调查学情

教师以钉钉作业的形式发布三个问题，学生根据自己的实际情况作答。第一个问题：近两个月你的心态怎样？第二个问题：你日常面对的诱惑有哪些？第三个问题：新学期，你期待哪些变化？

2. 汇总结果，摘录典型

通过整理，教师汇总出学生当前的心态问题及面对的诱惑情况，整理出高频词，这既有助于掌握实际问题，也为后续环节提供依据。学生心态问题高频词有浮躁、跑神、"精神内耗"、焦虑、"学会考废"等，面对的诱惑高频词有电子产品、家庭环境、快速完成作业的"花活"等。同时，教师摘录一些有代表性的回答，用于班会分享。

较为典型的有关心态的回答：

●我最近的心态就是两个字"浮躁"，总感觉什么都学会了，

但是知识总结时却写不出东西。考试时，有侥幸心理，总感觉自己薄弱的知识点考查不到，并且我的学习状态特别糟糕。

●近段时间，心态不是很好，经常会感到紧张却又什么也做不了，感觉自己整个人都是飘着的。知道是自己的问题，但是也不去改正，类似于"摆烂"。力不从心，既没有时间也没有意愿对自己当下的困境进行改变，只会在遇到困难的时候内心慌乱，然后被迫狼狈地从困境中出来，又回到原来的状态，成了恶性循环。

●我曾感到很焦虑，很无助，有时不知道自己究竟在做什么，好像一天一闭眼就过去了。

较为典型的有关诱惑的回答：

●无人督促情况下不能很好地管理时间，学习效率不高以致作业总写到很晚。

●最大的诱惑就是电子设备，写作业时总想摸一下，有的时候甚至入迷，忘记了时间。

●手机与小说对我来说是当前最大的诱惑。时常还没写完作业，就想先抱着手机玩一会儿。

四、班会活动过程

1. 汇集群体智慧，解决共同问题

（1）基于分类整理后的问题和学生期待的变化，汇总成七个问题：

第一，如何治好我的"精神内耗"？第二，如何治"懒"？第三，如何摆脱对电子产品的依赖？第四，如何安排时间、调整作息？第五，如何处理家庭关系，改善学习环境？第六，如何避免为了早交作业的"花活"？第七，如何坚持每日体育锻炼？

（2）学生联系生活实际选择自己擅长解决或见解独到的问题进行作答，提供互助共进方法。

2. 汇总整理，召开班会

将学生提供的互助共进方法归类整理，同时安排一部分学生准备"新学期，我期待的变化"板块发言。召开班会，班会包含三个板块：我们的心态，网络之下、

诱惑当前，新生活、新变化。

面对如何治好我的"精神内耗"这个问题，学生A回答：

第一，尝试做一个意志坚定的人。学会及时止损，断舍离。第二，要有被拒绝的勇气，少胡思乱想，不用太在意别人的看法，减少无用的社交，把和别人打交道的精力用在学习上（可以采用一些强制手段，例如退群或断网）。第三，接受自己的现状，容忍自己的一些小欲望（如可以适当地购物调节一下情绪）。第四，用一个本子记录自己的日常。可以在本子上发泄情绪，也可以用这个本子来记录自己的目标或计划。看到自己都做了些什么，都有怎样的感受，以及自己未来要做什么，会让你的内心更踏实。第五，培养一个兴趣或者发展一个爱好，给自己找点事做，练习专注力。第六，多读书，读好书。第七，不要老和别人比较。第八，我们不知道明天会不会下雨，但是只要我们明天记得带伞，下雨还是晴天都不重要了。所以请你记住，一定要坚信自己。

面对如何治"懒"这一难题，同学们畅所欲言，学生B分享道：

第一，给自己正向反馈，杜绝拖延症，尽量做到当日事当日毕。比如说给自己定的目标是完成一套试卷，或者看完一本好书，目标达成就奖励自己适量的放松时间来做自己喜欢的事，目标从小渐渐变大。第二，跳出舒适圈，尽量远离手机，学会动脑思考。如果遇到影响你努力进步的人，要尽量远离。"近朱者赤，近墨者黑"，要向优秀上进的人学习。

…………

在同学们的集思广益下，七个问题都得到了解答。在学生分享完解决问题的小妙招后，每个学生都表示要将这些小妙招付诸行动，尝试改变他们原有的做法。为此，在"新生活、新变化"环节，学生放下了思想包袱，畅谈了新学期的计划和要实现的目标，对新学期的期许感人又振奋，如："我真的体会到了很多。我一定让自己静下心来，脚踏实地，认真对待每一个知识点、每一道错题。下一个小目标：不在会做的题上失分。""珍惜时间，毕竟中考留给我的时间不多了。坚持上学期养成的好习惯，让我成为更好的自己。"

五、班主任总结

本次班会每一个环节的设置都以学生的问题为出发点，以学生的参与为途径，以学生的实践为目的，引导学生关注自身问题、借鉴同伴经验、改进自我。

这节主题班会课在内容与形式上都有所创新，每个学生都参与其中，谈论自己的困惑、分享自己的经验，解决了一些实际问题，但也存在许多不足之处，如：主题虽贴近学生生活，但缺乏针对主题的较深刻的挖掘和升华；针对共性问题，学生给出的建议虽"广"却"浅"；有些话题虽经过讨论但未找到较好的解决办法。在今后的班会组织和实施过程中，上述问题都需要得到更好的改进。

我离优秀有多远

赵振宇

一、班会活动背景

七年级的孩子刚升入新学段，不少学生会存在适应障碍。初中学习的压力、父母过高的期许、同学关系的处理等都会给他们带来烦恼，让本身就对自己定位不清的学生更加迷茫。为了让学生保持良好的生活和学习状态，找到与优秀存在的差距，特召开本次班会。

二、班会活动目的

（1）激发学生的学习动力，树立正确的"三观"。

（2）引导学生认识优秀，寻找变得优秀的方法。

（3）培养学生的使命感，明白读书的意义。

三、班会活动准备

（1）教师准备：《我离优秀有多远》幻灯片，相关视频、网页、问卷。

（2）学生准备：提前思考与班会主题相关的问题。

四、班会活动过程

班主任：同学们，大家有没有这种感觉，在我们小的时候，总觉得时间过得很慢。春节、生日，这些我们喜欢的日子，好像一个世纪才来一次。但越长大，时间过得越快，一年又一年，节日变得乏味，生日也意味着年龄增长，好像再也没有什么值得十分期待的了，时间推动着每个人努力向前，但向前又是为了什么呢？大家一起来

看下面的视频，看看从中能否找到答案。

（学生惊诧，小声议论，大家一起观看视频《小和尚的疑问》）

（视频中，小和尚问师父："人的一生非得要努力吗？"师父回答说："不用啊，但人一生最痛苦的是'我本可以'，我本可以成为更出色的人，我本可以追求自己喜欢的人和事，我们一生的努力就是不留遗憾，努力就是为了避免'我本可以啊'。"）

班主任：看了这个视频谁能回答我的问题——人的一生为什么要努力呢？

（同学们非常踊跃地举手，气氛非常热烈）

学生A：老师，看了这个视频我受到很大的触动，之前很迷茫的我好像瞬间找到了方向，就像视频中小和尚所说："做一个努力的人，好处在于永远不会辜负自己，没辜负今天的早起，没辜负老师和家长对自己的期望。"所以越努力越幸运。

（其他学生听完之后很受鼓舞，掌声四起）

学生B：老师，这个视频告诉我，当我们觉得学习很苦很累的时候，说明我们正在走上坡路，这个时候一定要坚持走下去，走下去我们就会有进步，就会看到不一样的风景。

（这个同学的发言很有哲理，话语间透露着成熟的思想，其他学生投来了欣赏的眼光，掌声更加热烈）

班主任：两名同学的发言非常精彩，充满了正能量。同学们要相信，所有你吃过的苦，受过的累，总有一天都会变成光芒，照亮你前行的路。接下来，我们分组讨论一下跟优秀的差距到底在哪里。

（同学们热火朝天讨论起来）

班主任：好，同学们，经过刚才激烈的讨论，我们以组为单位来分享一下讨论的情况。（各组分享讨论结果）通过大家的分享，我把差距总结归纳为以下五点：差距一，无休止地抱怨；差距二，没有自律性；差距三，没有计划；差距四，没有目标；差距五，习惯不好。

班主任：下面我们再看一段视频，我想这段视频会让同学们对优秀有更深的

感悟。

（同学们投来充满期待的眼光，这段视频内容是：最帅大爷——王德顺）

（王爷爷说："人的潜能是可以挖掘的，当你说太晚的时候，你一定要谨慎，它可能是你退却的借口，没有谁能阻止你成功，除了你自己。"）

班主任：看了王德顺爷爷的视频，同学们是不是更加震撼？80岁高龄的他看起来依然那么年轻有活力。那么，是什么导致我们不想努力呢？有学生说任务太多，不知道从何下手。当你面对一个很大的学习任务，比如这周要学完一本大厚书，或者一下子有好几个任务要完成时，就很容易陷入一种恐慌状态，进而不想学习。解决办法：第一，我们可以把大任务拆分成小任务，制订好计划，慢慢地，不知不觉地把大任务完成了。第二，我们要按轻重缓急来区别对待，紧急又重要的任务要先做，不紧急不重要的可以放在最后。第三，我们要学会时间管理，提前规划好任务。

（同学们频频点头，表示认同）

班主任：接下来我们回到学业上。作为学生，学习是我们目前最主要的任务，也是我们每天都要完成的任务，如果我们不喜欢学习的话，就会觉得生活很无趣。那么我们该如何将学习变得更有趣呢？大家先小组讨论，5分钟后我们每组派出一名代表就一个方面给大家分享。

（全班在各个组长的带领下，开始进行激烈的讨论，同学们各抒己见，气氛热烈）

班主任：好了，时间已到，哪个小组先给大家分享一下你们讨论的结果？（好几个学生举手）好，有请×××来分享一下你们组讨论的结果。

学生C：我们组讨论的结果是要找到学习的榜样。我喜欢比我优秀的人，所以我努力学习，严格要求自己，就是为了能到达他的高度。在这个过程中，越来越能看清自己的差距，也变得越来越笃定、越来越努力了。

（这位同学原本就很优秀，还对自己提出更高的要求，同学们用热烈的掌声表示赞赏）

学生D：通过激烈的讨论，我们得出了一个观点给大家分享，就是要制订目标。很多时候，在学习过程中我们会感到绝望，从而放弃。究其根源，是因为我们没有

制订学习目标，也不知道自己当前的学习状态在整个学习过程中处在哪个阶段。举个现实中的例子，如果我们驱车前往一个距离较远的陌生地方，去的时候往往觉得长路漫漫，但回来的时候就觉得快了很多，这就是因为回来的时候你知道目的地在哪里。而我们在制订目标的时候就需要慎重，在短时间内制订一个容易达成的小目标，通过目标的达成激励自己。

（这位同学平时成绩不是很好，通过这节班会课，他有了更深刻的认识，同学们也用热烈的掌声给予了他肯定和鼓励）

（每个组都派出了一名代表分享了他们讨论的结果，学生也在积极的讨论中收获了如何提高学习兴趣的秘诀）

班主任：接下来我想给大家分享一首诗，是南宋诗人陆游的《冬夜读书示子聿》，有请班长带领大家读一遍。

（同学们齐声诵读）

班主任：哪个学生来谈谈读完这首诗后的感受？

（有好几个学生举手发言）

语文课代表：大家好！这首诗的前两句，赞扬了古人刻苦学习的精神以及做学问的艰难，说明只有少年时养成良好的学习习惯，竭尽全力地打好基础，将来才有可能成就一番事业。后两句，强调了孜孜不倦、持之以恒地学习知识固然很重要，但仅此还不够，因为那只是书本知识，书本知识是前人实践经验的总结，我们不能纸上谈兵，而要亲身实践才行。本诗通过陆游对儿子子聿的教育，告诉我们做学问要有孜孜不倦、持之以恒的精神。一个既有书本知识又有实践精神的人，才是真正有学问的人。

（大家投来赞扬的目光）

班主任：感谢语文课代表的精彩解读。今天咱们班的团支书也想利用这样的机会跟大家说几句，掌声欢迎团支书上台发言。

（团支书本身就是一名思想过硬、工作认真、学习勤奋的学生，在同学中威望很高，他上台时台下掌声雷动）

团支书：很高兴能有这样的机会跟大家沟通交流一番，今天的班会让我们认识到了自身的差距，找到了原因，知道了我离优秀有多远，感谢赵老师的分享。最后我提议全体起立，我们握起坚实有力的拳头，一起喊"撸起袖子加油干"。

（此时掌声不断，将今天的班会推向了高潮）

五、班主任总结

今天的班会到此结束，感谢大家的聆听，感谢几位同学的精彩发言。我想通过这次的班会，大家一定会更加勤奋努力，得到快速成长。同学们，加油！

以梦为马，不负韶华

张艳钦

一、班会活动背景

八下学习科目增多，知识点也比较多、比较难，尤其是面对即将迎来的九年级的学习，很多学生会比较紧张和焦虑，从而忘了自己最初学习的目的和自己的梦想。于是班级决定开一次以"以梦为马，不负韶华"为主题的班会，鼓励学生联系个人实际，为自己确定一个明确的长期目标和短期目标，以便能让学生提起学习精神，明确学习态度，摆脱学习涣散和分心的情况。

二、班会活动目的

通过此次班会活动，学生认识到梦想对于自己人生的重要性，进而寻找自己的梦想，并为之努力奋斗。

三、班会活动准备

（1）以小组为单位搜集以青春和梦想为主题的相关资料。

（2）把相关资料进行分类整理，选出比较实用、好操作、有代表性的资料。

（3）根据现有资料讨论确定具体流程以及各环节之间的衔接。

（4）讨论确定主持人和班会不同环节的具体实施者。

（5）拍摄学生对梦想的理解和个人的梦想视频，拍摄各任课老师对学生的鼓励视频。

四、班会活动过程

（上课前在教室播放歌曲《梦想缤纷》，渲染气氛）

1. 一起观看《超级演说家》学员的《寒门贵子》演讲视频，理解梦想的内涵

主持人：永远年轻，永远热泪盈眶，永远相信梦想，出身寒门，绝地反击，在社会上杀出一条路来，有志者事竟成。梦想，是对未来的一种期望，但必须通过努力才可以达到，即梦想＝未来＋期望＋努力。

2. 欣赏诗歌朗诵《我有一个梦想》（男女学生各一名）

我有一个梦想　有一天　挥舞着有力的翅膀　穿过云端　翱翔

我有一个梦想　有一天　肩负着充实的背囊　站在峰顶　眺望

我有一个梦想　有一天　能像一颗种子一样

找到一块合适的土壤　在那里茁壮成长

梦想着，像百灵在枝头歌唱

梦想着，像鲜花在叶端绽放

梦想着，像风儿穿过竹林

拂起千层的叶　沙沙作响

我有一个梦想　有一天　划动着坚实的双桨　激荡　……

3. 聆听故事《三个泥瓦匠的故事》

三个泥瓦匠在工作，有人问他们在做什么，他们的回答各不相同：一个说是"砌砖"，另一个说是"赚工资"，而第三个却自豪地说"我正在创造世界上最富有特色的房子"。后来，前两个工人一直是普普通通的泥瓦匠工人，第三个工人则成了有名的建筑大师。

师：同学们，你们知道这个故事告诉我们什么道理吗？

（学生在下面说：人活着要有远大的理想和目标）

师：哈佛大学有个关于目标对人生影响的跟踪调查，调查对象是一群智力、学历、环境等条件差不多的年轻人，调查结果发现：

27%的人没有目标，60%的人目标模糊，10%的人有清晰但比较短期的目标，3%的人有清晰且长期的目标。

25年的研究结果表明：那3%有清晰且长期目标的人，25年来几乎不曾更改过

人生目标，始终都朝着同一方向不懈地努力，25年后，他们几乎都成了社会各界的顶尖成功人士。那10%有清晰但短暂目标者，大都生活在社会的中上层。他们的共同特点是，那些短期目标不断被达成，生活状态稳步上升，成为各行各业不可缺的专业人士，如医生、律师、工程师、高级主管等。那60%的目标模糊者，几乎都生活在社会的中下层，他们安稳地生活与工作，但都没有什么特别的成绩。剩下的27%是那些25年来从来都没有目标的人群，他们几乎都生活在社会的最底层。他们常常失业，靠社会救济生存，并且常常抱怨他人、抱怨社会、抱怨世界。同学们，针对以上调查结果你们又有什么感想呢？

（通过聆听《三个泥瓦匠的故事》及哈佛大学的调查，学生意识到拥有梦想和目标的重要性。）

4. 通过举例古今中外名人故事来了解梦想的力量

师：梦想的力量是无穷的，拥有梦想，便拥有方向，拥有力量。谁和大家分享一下课下搜集的中外名人的梦想事例？

学生A：周恩来一生为国为民鞠躬尽瘁，死而后已。他在青少年时代，就富有革命理想，立志为中华之崛起而读书。

学生B："海到无边天作岸，山登绝顶我为峰。"这是林则徐少年时的巧对佳话。

学生C：居里夫人，她半生清贫，命运坎坷，幼年丧母，中年失夫，晚年始终被流言和疾病折磨，可谓一生都在与命运做着不屈不挠的斗争。但她却懂得用恬淡的心态去面对清贫，用卓越的努力去赢得光荣。

学生D：曼德拉是南非第一位黑人总统，他同南非种族隔离制度进行了几十年不屈不挠的斗争，赢得了全世界人的支持和喝彩。因此，有人说，曼德拉已经成为一个时代的象征。

5. 展示同学们自己的梦想

师：同学们，你们的梦想是什么？如何才能实现你们的梦想？请写出实现梦想的方法。

（播放提前拍摄好的个人梦想视频。学生在这么隆重的场合看到他们对自己梦

想的解读，再次加强了他们对梦想的理解，从而更加坚定他们的梦想）

播放完个人梦想视频后，学生自己总结要想实现梦想，必须做到以下几点。

明确你的目标：

如果你不知道想要什么，你永远不会实现你的梦想。你的目标越明确，梦想越易实现。

制订你的计划：

把大目标分解成小目标，把大计划分解成小计划。细化到每年、每月、每周、每天。你的计划越明确，梦想越易实现。

实践你的计划：

按照你的计划，马上去做吧。

如果你想实现梦想，但又什么都不做的话，你将一事无成。

要想得到生命中想要的东西，你需要做的就是采取行动。

反思你的行动：

改变策略去创造你想要的结果。如果结果不好，就要找到原因并不断去改进。

坚持不懈地努力：

难在坚持，成在坚持。不积跬步，无以至千里；不积小流，无以成江河。

古之立大事者，不惟有超世之才，亦必有坚忍不拔之志。

（播放各任课老师对学生的鼓励视频，让学生感受到老师对他们的关心和爱护，从而获取更多完成梦想的信心）

6. 学生一起表演手语舞《怒放的生命》

歌词进取向上，给人以力量。学生由衷地感受到了一种向上的希望，同时通过表演手语舞认识到每一份成功都需要付出巨大的努力。

7. 全体同学演唱班歌《明天会更好》

激扬青春，放飞梦想，为自己的人生目标而奋斗，相信我们的明天会更好。

五、班主任总结

亲爱的同学们，在刚才的视频中，当你们谈到自己美好的未来时，每个人的脸

上都洋溢着灿烂的笑容。有的同学谈到自己梦想的一种职业，有的同学谈到自己喜欢的一种生活状态，有的同学谈到自己未来生活的温馨画面，毋庸置疑，这些都是美好的，都是我们向往的。我们该怎样让这些美好的画面变成现实呢？对，我们现在有能力为未来做的唯一的事情就是踏实、用心学习，为未来打好基础，提升自己。

七年级开学初，你们的学长曾经跟你们说过这样的话：也许我们在未来不一定用得上《岳阳楼记》的课文，不一定非要证出全等三角形，上街买菜不需要用到函数，蹦极不需要计算空气阻力，但在掌握它们的过程中我们收获的是一种能力——学习的能力。在实现梦想的道路上，我们必须要拥有这种能力。

一个月后我们将结束八年级的学习，暑假过后就成为九年级的学生了。九年级的生活是艰苦的，甚至是痛苦的，它有做不完的作业，有考不完的试，但九年级也是有滋有味的，是值得回味的。只有经过九年级，人生才多了份体验，你的思想才多了份成熟，但愿同学们好好珍惜九年级，热爱九年级，让它成为你人生旅途中一道值得留恋的美丽的风景。

作为老师，看着青春的你们每天都在为自己的梦想而不懈地努力着，老师发自内心羡慕你们，感觉你们好幸福，因为你们现在还有机会为梦想努力！一路走来你们并不孤独，家长、老师、朋友在陪同你们一起向前走。同学们，加油吧！为了你们心中的梦想努力吧！